An der Pforte zum Himmel

Nahtodberichte
und biblische Deutung

Dirk Schmalzried

Gewidmet meinen vier Familien:
der, aus der ich komme,
den beiden, die ich dazugewonnen habe
und der, die ich selbst gegründet habe.

Herstellung und Verlag:

BoD - Books on Demand, Norderstedt

ISBN 978-3-7448-3057-7

Inhalt

1. Prolog[1]

Im Bauch einer Schwangeren wuchsen einmal zwei Embryos heran: der Gläubige und ein Skeptiker. Sie unterhielten sich.

Der Gläubige: Glaubst du an ein Leben nach der Geburt?

Der Skeptiker: Nein, das gibt es ganz sicher nicht. Wie soll das denn aussehen – ein Leben nach der Geburt?

Der Gläubige: Also ich glaube fest, dass es das gibt. Unser Leben hier ist dazu da, dass wir wachsen und uns auf das Leben nach der Geburt vorbereiten. Es ist dazu da, dass wir kräftig und groß genug sind für das Leben, das uns dann erwartet.

Der Skeptiker: Wachsen und groß genug? Ich bekomme bald Platzangst, wenn das so weitergeht. Das Leben ist so begrenzt. Und wie soll das denn überhaupt aussehen: „nach der Geburt"?

Der Gläubige: Das weiß ich auch nicht so genau. Aber es wird sicher viel heller sein als hier. Und vielleicht werden wir herumlaufen und mit dem Mund essen.

Der Skeptiker: So ein Unsinn! Herumlaufen, das geht doch gar nicht! Du meinst wohl herumschwimmen? Und mit dem Mund essen, so eine komische Idee. Es gibt doch die Nabelschnur, die uns ernährt. Außerdem geht das doch gar nicht, dass es ein Leben nach der Geburt gibt, weil die Nabelschnur jetzt schon viel zu kurz ist. Ich kann mich kaum noch umdrehen.

Der Gläubige: Doch, es geht bestimmt. Es wird eben alles ganz anders sein.

Der Skeptiker: Es ist noch nie einer zurückgekommen von „nach der Geburt". Mit der Geburt ist das Leben zu Ende. Das Leben ist dunkel und lauwarm, es ist kurz und begrenzt.

Der Gläubige: Denk nicht so pessimistisch! Ich kann mir leider auch nicht genau vorstellen, wie es einmal sein wird. Jedenfalls werden wir unsere Mutter sehen, und sie wird für uns sorgen und uns lieben.

Der Skeptiker: Mutter? Du glaubst an eine Mutter? Wer oder was soll das denn sein?

Der Gläubige: Na hier, überall um uns herum. Wir sind und wir leben in ihr und durch sie. Ohne sie können wir gar nicht sein.

Der Skeptiker: Das ist Unsinn! Von einer Mutter habe ich noch nie etwas gemerkt. Das hast du dir doch nur eingebildet, weil du dir dadurch dein Leben besser erklären und verstehen kannst. Oder hast du etwa je eine Mutter gesehen?

Der Gläubige: (schüttelt mit dem Kopf)

Der Skeptiker: Na also, dann gibt es sie auch nicht.

Der Gläubige: Aber manchmal, wenn wir ganz still sind, meine ich, dass ich sie singen oder sprechen höre oder spüren kann, wenn sie unsere runde Welt streichelt.

Der Skeptiker: Mag ja sein. Aber wie willst du eigentlich hier herauskommen? Ich habe schon so oft gegen diese Wand geboxt oder mit dem Fuß getreten, da ist einfach nix zu machen.

Der Gläubige: Bei der Geburt wird sich irgendwo eine schmale Tür öffnen. Ich glaube nicht, dass wir gemeinsam hindurch können, aber gewiss werden wir nach der Geburt beieinander sein.

Und so vergingen die letzten Wochen im Mutterleib gefüllt mit vielen Ängsten, Fragen und Zweifeln. Doch schließlich kam der Tag der Geburt. Als die Zwillinge ihre Welt verlassen hatten, schrien sie sehr. Doch dann öffneten sie ihre Augen, und was sie sahen, übertraf ihre kühnsten Erwartungen.

2. Weil ich die Ewigkeit mit Ihnen verbringen will

Können Sie sich auf den Gedanken einlassen, dass Sie eine Seele[2] haben? Eine Seele, die Ihre Persönlichkeit und Ihr Bewusstsein ausmacht und nicht mit dem Tod verloren geht. Eine Seele, wie sie in den großen Religionen und den meisten großen Kulturen unabhängig ihrer Zeit und ihrer Religion beschrieben wird. Könnten Sie sich weiter vorstellen, dass diese Seele unsterblich ist und nicht wie Ihr körperlicher Leib verwesen wird?

Wenn das so ist, dann stellt sich die Frage, was mit dieser unsterblichen Seele passieren wird, wenn Sie einmal gestorben sein werden. Gibt es einen Himmel und eine Hölle? Und wenn ja, gibt es Berichte darüber, wie diese aussehen könnten? Wenn Sie offen für diese Gedanken sind, dann ist dieses Buch für Sie. Denn es ist wichtig, wie und wo Ihre unsterbliche Seele die Ewigkeit verbringen wird – mindestens genauso wichtig, wie Sie Ihre Lebenszeit auf dieser Erde verbringen.

Das Buch ist aus christlicher Perspektive geschrieben. Es stellt Aussagen aus der Bibel auf der einen Seite den Berichten gestorbener und anschließend wiederbelebter Menschen auf der anderen Seite gegenüber. Dabei ergeben sich überraschende Übereinstimmungen. Es geht der Frage nach, welches Verhalten aus biblischer Sicht die „Pforte zum Himmel" öffnet und ob die wissenschaftlich erfassten Berichte Gestorbener und Wiederbelebter diese biblischen Aussagen bestätigen. Außerdem werden Aussagen zum Himmel und zum „Scheol", als dem alternativen Ort zum Himmel, aus der Bibel mit den Berichten aus Nahtoderlebnissen verglichen.

Ich bin ein sehr naturwissenschaftlich geprägter, rational denkender Mensch. Ich habe eine vertiefte naturwissenschaftliche Schulbildung erfahren, Informatik mit Nebenfach Physik studiert, später in Wirtschaftsinformatik promoviert. Mit dem Thema, ob unser Bewusstsein allein auf neurochemische Prozesse zurückgeführt werden kann, befasse ich mich seit Langem.

Meine erste Begegnung mit dem Thema „Nahtoderlebnisse" hatte ich vor etwa 30 Jahren, als mir eine befreundete Klassenkameradin Bücher von Moody und Ritchie borgte. Später, nach dem Unfalltod meiner Verlobten vor vielen Jahren, machte ich selbst eine eindrückliche *Nach*tod-Erfahrung, die mich in meinem Glauben an ein Leben nach dem Tod bestärkte. Beim Unfall war ich nicht bei ihr. Aber im Augenblick ihres Todes hatte ich das starke Gefühl, dass sie im ansonsten leeren Zimmer hinter mir stünde und mich ansprach. Dieses Gefühl war sehr real.

Im Laufe der Jahre wuchs mein Wunsch, Nahtoderfahrung im Zusammenhang mit biblischen Aussagen zu betrachten. Ich habe die Erfahrung gemacht, dass selbst unter Christen der Glauben an ein Leben nach dem Tod nicht selbstverständlich ist. Dabei ist die Ewigkeit zentrales Element des christlichen Glaubens. Zudem erwarten viele Menschen (wie ich auch) von einem liebenden Gott keine Verdammnis. Sie setzen sich daher im Vertrauen auf einen liebenden Gott nicht damit auseinander, dass ihr Platz in der Ewigkeit mit ihrem *eigenen* Erkennen und ihrem *eigenen* Stolz im Moment des Todes zusammenhängen könnte, wie im Buch deutlich werden wird.

Das Buch hat nicht den Anspruch, den christlichen Glauben oder ein bestimmtes Gottesbild aus den Nahtodberichten herzuleiten, zu begründen oder zu beweisen. Nahtoderlebnisse sind Grenzerfahrungen und liefern keine Beweise für die Beschaffenheit des Jenseits – aber überraschende Indizien und Fakten. Die Bibel und Nahtoderlebnisse haben sehr viele Berührungspunkte und Gemeinsamkeiten. Wegen seines Schwerpunkts auf der beeindruckenden Übereinstimmung biblischer Lehre mit dem Erleben nach dem Tod setzt sich dieses Buch auch nicht mit weiteren Religionen oder Kulturkreisen auseinander. Natürlich gibt es Nahtodberichte auch aus anderen Kulturkreisen und in anderen Religionen. Aber die Nahtodberichte in diesem Buch sind mit Blick auf biblische Aussagen ausgewählt und repräsentieren folglich nicht das ganze Spektrum aller möglichen Erlebnisse in allen Kulturen.

Auch die etwa 150 Bibelzitate stellen nur eine Auswahl der vielfältigen Aussagen der Bibel über die Ewigkeit und des Menschen Seele dar. Dieses Büchlein kann schon vom Umfang her keine umfassende theologische Abhandlung sein. Es will aber zum Weiterdenken anregen.

Auch wird unter den vielen dokumentierten Berichten im Buch wahrscheinlich der eine oder andere sein, der vielleicht ausgedacht oder manipuliert wurde oder der eher als ein Klartraum, denn als ein Nahtoderlebnis, zu klassifizieren ist. Dies ist trotz sorgfältiger Auswahl bei der Fülle des Quellenmaterials nicht auszuschließen. Trotzdem bleiben viele übereinstimmende und ähnliche Berichte als Anregung zum Nach- und Weiterdenken.

Die Existenz Gottes, einer unsterblichen Seele oder des Himmels und der Hölle können mit dem im Wissenschaftsbetrieb zulässigen Instrumentarium nicht *bewiesen* werden, weil das persönliche Erleben, Wundertaten und Nahtoderfahrungen eben nicht beliebig wiederholbar und bezüglich der Rahmenbedingungen standardisierbar sind. Daraus aber zu schlussfolgern, dass man aus diesem Grund all diese vielen Erfahrungen im besten Fall vernachlässigen, viel häufiger aber negieren und sogar als

Phantasie, Wahnvorstellung oder Placeboeffekt diskreditieren dürfe, ist falsch. Das Thema „Nahtoderleben" ist heute bereits Gegenstand vieler wissenschaftlicher Studien, Befragungen und Untersuchungen. Die durchgeführten wissenschaftlichen Untersuchungen haben gleichartige Erlebnisse unterschiedlichster nachweislich klinisch toter[3] Menschen aufgezeigt. Für einige dieser Erlebnisse gibt es „natürliche" Erklärungen, die auch ohne die Existenz einer eigenständigen Seele auskommen. Es bleiben aber Erlebnisse, die nur dann zu erklären sind, wenn man von einer Seele (oder einem „Bewusstsein" bzw. einem „Geist") ausgeht, die sich vom Körper lösen kann. So gibt es z. B. Berichte von Gestorbenen und Wiederbelebten, die während ihres Kreislaufstillstandes auf ihre toten Körper herab geblickt haben und hinterher das ganze Geschehen der Operation oder der Wiederbelebung genau beschreiben konnten. Diese Blickrichtung, also Perspektive im doppelten Sinn, ist nur möglich, wenn es eine vom Körper gelöste, zur Wahrnehmung fähige Instanz gibt: die Seele des Menschen. Denn es schweben ja im Moment des Todes nicht des Menschen Augen an die Decke, um dort noch Eindrücke zu sammeln, von denen der Erfahrende hinterher berichtet. Dass diese Seele nach dem Aufhören aller klinischen Lebenszeichen Erlebnisse sammeln konnte, ist ein Indiz dafür, dass die Existenz unseres Bewusstseins nicht mit dem körperlichen Ende aufhört.

Sehr häufig wird im Zusammenhang mit Nahtoderfahrungen von Skeptikern gesagt: „Der und der hat bewiesen, dass alle Nahtoderfahrungen rein hormonelle (Schlagwort: Endorphine), biochemische (Schlagwort: Sauerstoffmangel) oder elektrochemische (Verweis auf elektrische Stimulation von Stirnlappen) Ursachen haben. Eine Seele als Erklärung ist ausgeschlossen oder gar absurd." Oft hat aber „der und der" nur eine Theorie, ein

Modell oder eine Hypothese aufgestellt, dass auch andere Ursachen *ähnliche* Phänomene provozieren *können*. Diese Hypothesen können aber alle bis zum heutigen Tag mit dem naturwissenschaftlichen Instrumentarium nicht in eine eindeutige und abschließende naturalistische Ursache-Wirkung-Beziehung gebracht werden. Es gibt immer wieder nachweisliche Nahtoderfahrungen auch ohne Sauerstoffmangel und in Abwesenheit von Endorphinen, bei denen diese bemühte Erklärungswelt wissenschaftlich belegbar versagt.

Andersherum sind Nahtoderfahrungen Grenzerfahrungen, bei denen eine gewisse Grenze nie überschritten wurde. Daher werden Sie in diesem Buch auch keine „Beweise" für ein Leben nach dem Tod finden, sondern Berichte, Zeugnisse und biblische Aussagen, aus denen Sie Ihr eigenes Bild formen können. Lassen Sie sich Ihre Seele nicht von anderen „ausreden".

Das, was in der Bibel darüber steht, wie wir uns zu Lebzeiten verhalten sollen, um einen Platz im Himmel zu haben, wird in den Nahtodberichten in zum Teil erstaunlicher Weise bestätigt. Und weil unsere unsterbliche Seele hier auf der Erde geprägt wird, ist es ganz und gar nicht egal, was wir denken, sagen und tun und wie wir durch diese drei Aspekte „denken", „reden" und „handeln" unsere unsterbliche Seele formen.

Ich möchte die Ewigkeit gern mit Ihnen im Himmel verbringen. ‚Sie kennen mich doch gar nicht!' – war vielleicht Ihr erster Gedanke bei dieser Überschrift. Oder Sie dachten: ‚Sie wollen das vielleicht, aber ich nicht mit Ihnen!' Aus meinem persönlichen Erleben heraus bin ich fest von einer unsterblichen Seele überzeugt. Mir ist wichtig geworden, dass wir dieses Geschenk und die Aussicht auf einen Himmel nicht aus Stolz, Trotz, Rationalität oder sonstigen Gründen verspielen.

Ich kann mich wirklich an dem Gedanken freuen, dass mir liebe Menschen, aber auch diejenigen, die mir oder meiner Familie Unrecht getan haben, im Himmel wieder begegnen. Weil dieses Wiedersehen bedeutet, dass wir durch Gottes Gnade verwandelt wurden und geheiligt sind. Ein Hineinmogeln in den Himmel ist unmöglich – dort ist nur die Liebe, und wer dort ist, ist gut.

Gott hat auch an der Himmelspforte das letzte Wort.

3. Wissensquellen über unsere unsterbliche Seele

Dass der Mensch eine unsterbliche Seele hat, wurde nicht nur in Nahtoderlebnissen erfahren, sondern beruht auf vielen Quellen, die hier kurz vorgestellt werden sollen.

Sterbeforscher

In verschiedenen wissenschaftlichen Studien wurden Nahtoderlebnisse durch Wissenschaftler mit naturwissenschaftlicher Methodik erforscht. Sie belegen die Existenz von nachprüfbaren Erlebnissen während eines vollständigen Kreislaufstillstandes und flacher EEG-Linien, d. h. in Abwesenheit von messbaren Gehirnaktivitäten. Diese Berichte sind klar und detailreich, aber nach den Gesetzen der Medizin und Biologie nicht erklärbar, wenn man allein von einem materialistischen Weltbild ausgeht. Den Studien ist gemein, dass jüngere Personen häufiger von solchen Erlebnissen berichten.[4]

Je nach Untersuchung haben etwa zehn bis zwanzig Prozent der Erwachsenen Erlebnisse während eines kurzzeitigen klinischen Todes.[5] Einige Sterbeforscher werden im Folgenden kurz vorgestellt.

Der Arzt Raymond Moody

Raymond Moody wird mit seinem 1975 erschienenen Werk „Life after Life" (deutsche Ausgabe: „Leben nach dem Tod") als Pionier der systematischen Nahtodforschung bezeichnet. Wenngleich andere Autoren wie der Deutsche Emil Mattiesen schon in den 1920er und 30er Jahren Nahtodberichte sammelten und veröffentlichten[6] und bis in die 1970er Jahre eine Vielzahl wissenschaftlicher Artikel zu diesem Thema erschienen waren, begründete Moody mit seiner Forschung doch einen modernen und populären Forschungsansatz.

Der Arzt Michael Schröter-Kunhardt

Michael Schröter-Kunhardt ist Arzt und Psychologe und arbeitet als ärztlicher Leiter einer Klinik für Suchtkranke. Über viele Jahre hinweg hat er Nahtoderfahrungen in Form von Fragebögen erfasst und ausgewertet. Auch die lesenswerte Diplomarbeit von Angela Stechl[7] nutzt diesen Fragebogen-Fundus. Bemerkenswert an seiner Arbeit ist, dass sie ebenfalls von einem christlichen Standpunkt geprägt ist. Er vergleicht unser Gehirn mit einem Computer. Bei einer Nahtoderfahrung wird nach seiner Vorstellung ein „Sterbeerfahrungsprogramm" abgerufen, das den Sinn hat, uns auf ein Leben nach dem Tod vorzubereiten.

Der Arzt Pim Van Lommel

Der Kardiologe Pim van Lommel führte eine klinische Studie mit 344 Patienten in zehn niederländischen Krankenhäusern durch. Alle Patienten waren unter medizinischer Beobachtung und zumeist an entsprechende Geräte angeschlossen, deren Messungen zeigten, dass sie „klinisch tot" waren, als sie ihre Nahtoderfahrung machten. Die Patienten hatten keinen Herzschlag, keine Atmung und in den Fällen, in denen entsprechende Messgeräte angeschlossen waren, konnte auch eine flache EEG-Linie nachgewiesen werden. Diese „gestorbenen" und wiederbelebten Patienten befragte Pim van Lommel nach ihren Erlebnissen in der Zeit des Kreislaufstillstandes. 18 % der Befragten konnten sich an Erlebnisse während ihres Todes erinnern und berichteten, was sie in der Zeit des körperlichen Todes erlebt hatten. Die Ergebnisse seiner Studie publizierte er gemeinsam mit drei weiteren Kollegen in der medizinischen Fachzeitschrift „The Lancet"[8] und in seinem Buch „Endloses Bewusstsein"[9]. Durch seine Studien wurde gezeigt, dass trotz unter intensivmedizinischer Überwachung nachgewiesener völliger Abwesenheit der spezifischen Formen von Gehirnaktivität, die nach akzeptierter Auffassung der modernen Neurowissenschaften für Bewusstseinsvorgänge nötig sind, Menschen zu bewussten Wahrnehmungen außerhalb ihres Körpers fähig waren.

Der Mathematikprofessor Günter Ewald

Der Mathematikprofessor Günter Ewald sammelt und publiziert Berichte von Nahtoderlebnissen. Er setzt sich mit wissenschaftlichen Erklärungsversuchen auseinander und zeigt, dass in den Berichten Gestorbener Elemente vorkommen, die man nicht durch einen Vergleich mit Erlebnissen unter Drogen oder Halluzinationen erklären kann. Wichtigstes Element seiner Untersuchungen ist unsere unsterbliche Seele, die eben nicht nur auf biochemische Gehirnfunktionen zurückgeführt werden oder als materiebasiertes „Bewusstsein" bezeichnet werden kann.

Prof. Ewald greift auch das Bild von der Seele als Sender auf, der auf unser materiebasiertes Gehirn einwirkt und dort synaptische Aktivität und Gehirnfunktionen bewirkt.[10] Das Gehirn ist folglich vergleichbar einem Radio, das Musik abspielt. Man die Bewegungen der Membran des Lautsprechers im Radio ohne Hilfsmittel beobachten, messen und analysieren. Die eigentliche Information als Ursache entspringt jedoch den unsichtbaren Radiowellen (als Bild für die Seele). Solange den Menschen keine entsprechenden Messgeräte für Radiowellen zur Verfügung standen, musste ihnen das Radio als primäre Ursache für die Musik vorkommen, so wie uns heute das Gehirn als primäre Ursache unserer Gedanken und unseres Bewusstseins erscheint.

Alois Serwaty

Alois Serwaty ist Mitbegründer und Vorsitzender des Deutschen Netzwerks Nahtoderfahrung e. V. Seit seiner eigenen Nahtoderfahrung beschäftigt sich Serwaty intensiv mit natur- und geisteswissenschaftlichen Aspekten dieses Phänomens. Er publiziert Tagungsbände des Netzwerkes und Bücher zur Transzendenzerfahrung, wozu Nahtod-, aber auch die wesentlich häufigeren Nachtoderfahrungen zählen.

Der Soziologieprofessor Hubert Knoblauch

Hubert Knoblauch wählte eine Stichprobe von 2.044 Personen, die repräsentativ für die Bundesrepublik Deutschland mit ihren ca. 80 Millionen Einwohnern sind. Jede Person wurde persönlich anhand eines eigens konstruierten Fragebogens nach paranormalen Wahrnehmungen, Todesahnung, Sterbevisionen, Nachtoderfahrung und Todesnähe-Erfahrungen befragt. Das wichtigste Ergebnis dieser Studie war, dass etwa 4,3 Prozent der zufällig ausgewählten Befragten eine Erfahrung gemacht hatten, die nach subjektiver Einschätzung mindestens ein typisches Nahtodelement enthielt, selbst wenn es nicht in einer lebensbedrohlichen Situation erlebt wurde.[11] Dieser hohe Prozentsatz kommt somit durch die weite Auslegung einer Nahtoderfahrung zustande.

Knoblauch zeigt in seinen Untersuchungen, dass die Inhalte des o. g. breiten Erfahrungsspektrums sowohl kulturell als auch individuell geprägt sind. Er selbst lehnt nicht-materialistische Erklärungen für Nahtoderfahrungen ab und behauptet u. a. *Bei genauerer Überprüfung stellt*

es sich nämlich heraus, dass es bislang noch in keinem Falle gelungen ist, die Wirklichkeit dieser paranormalen Erfahrungen
während der Außerkörperlichkeitserfahrung nachzuweisen.[12]
Diese Behauptung wird u. a. widerlegt durch eine von
Janice Miner Holden im Jahr 2009 im „The Handbook of
Near-Death Experiences" auf S. 194 veröffentlichten Liste
von insgesamt 106 Berichten mit offensichtlich nicht körperlicher, aber nachweislich wahrheitsgetreuer Wahrnehmung.[13] Indem Knoblauch solche Forscher, die eine spirituelle Ursache des Nahtoderlebens verneinen, mit den
Worten heraushebt, sie seien keine *dahergelaufenen Laien-
forscher*[14], diskreditiert er indirekt alle anderen Forscher,
die im Ergebnis ihrer Arbeit zu dem Schluss kommen,
dass es eine spirituelle Ursache für Nahtoderlebnisse geben müsse.

Die Ärztin Elisabeth Kübler-Ross

Elisabeth Kübler-Ross gilt als eine Begründerin der Sterbeforschung und erhielt für ihre wissenschaftliche Arbeit
23 Ehrendoktorate verschiedener Universitäten. Aus dem
Umgang mit Sterbenden und dem Erforschen des Prozes-
ses des Sterbens wuchs in ihr im Laufe ihrer Arbeit die
feste Überzeugung, dass die menschliche Seele unsterblich ist. Sie hat über 20 Bücher zum Thema publiziert.[15]
Das TIME Magazine zählte sie 1999 zu den 100 bedeu-
tendsten Wissenschaftlern des 20. Jahrhunderts.

Der Pfarrer Wennemar Schweer

Es gibt nur wenig Literatur, welche Nahtodberichte aus
christlicher Perspektive untersucht und einordnet. Vor allem der evangelische Pfarrer Wennemar Schweer hat mit
seinen beiden Publikationen „Todesnäheerfahrungen
und christlicher Glaube" und „Zugänge zur Auferste-
hungsthematik aus grenzwissenschaftlicher Sicht" zwei

umfassende Werke mit wissenschaftlichem Anspruch und Überblickscharakter geschaffen.[16]

Während christliche Kritiker wie Christian Hoppe[17] Nahtoderfahrungen als Halluzination abtun und andere Kritiker biblische Aussagen über die Seele von Paulus als hellenistische Ansichten aus der Bibel „aussortieren" wollen, gelingt es Schweer, mit einer Fülle von Quellen den christlichen Glauben und Nahtoderleben in Verbindung zu bringen.

Kevin R. Williams

Kevin R. Williams betreibt die Webseite www.neardeath.com. Dort hat er in bemerkenswerter Weise viele Berichte und Studien zusammengetragen, klassifiziert und systematisiert. Diese Seite und sein Buch „Nothing better than death"[18] sind gute Quellen für viele unterschiedliche Berichte, zumeist vom amerikanischen Kontinent.

Steve Miller

J. Steve Miller widmet sich in seinem Buch „Erkundung der Ewigkeit" vor allem der detaillierten Auseinandersetzung mit den Gegenargumenten zu einer spirituellen Ursache für Nahtoderfahrungen. Unter diesen Gegenargumenten sind materialistische, biologische, medizinische, biochemische und psychologische. Alle Gegenargumente haben Grenzen in ihrer Beweiskraft.

Organisationen und Berichte im Internet

Über die zuvor genannten Forscher hinaus tauschen sich viele Interessierte in Organisationen bezüglich ihrer Arbeit aus.

Die Organisation „International Association for Near-Death-Studies (IANDS)" wurde 1981 in den USA gegründet, hat im Jahr 2014 ca. 780 Mitglieder und sammelt und publiziert unter www.iands.org amerikanische und unter www.iands-germany.de deutsche Nahtodberichte.

Die „Near Death Experience Research Foundation (NDERF)" von Dr. Jeffrey Long veröffentlicht Nahtodberichte in 23 Sprachen (Stand 2014) unter www.nderf.org.

Neben diesen systematisierten Quellen gibt es in Blogs, Kommentaren zu Zeitungsartikeln, in Diskussionsforen und vielen weiteren Stellen im Internet Nahtodberichte, z. B. auf http://nhneneardeath.ning.com oder der bereits genannten Seite www.near-death.com.

Erlebende als Buchautoren

Neben den Forschern, die Berichte vieler Menschen sammeln und auswerten, gibt es eine Reihe von Autoren, welche über eigene Erlebnisse berichten.

Aus ihrem Erlebnis sind z. B. George Ritchie[19] und Howard Storm[20] als Christen hervorgegangen. Don Piper[21] war bereits Pfarrer, als er sein Nahtoderlebnis hatte. Fast alle Nahtod-Buchautoren schildern ausführlich ihre Erlebnisse und deren Wirkung auf ihr weiteres Leben.

Fiktive Literatur und Filme

Auch in der Literatur sind Nahtodberichte häufig zu finden. Die Existenz der unsterblichen Seele und eines „Zwischenreiches" sowie die Entscheidung zwischen Weiterleben und endgültigem Tod in Form einer Brücke werden u. a. in der sehr interessanten Erzählung „Der Baron Bagge" von Alexander Lernet Holenia aufgegriffen.[22] Platons Werk „Republik" enthält den Bericht des „Er"[23] und ist eines der ältesten literarischen Werke zu dieser Thematik.

Der fiktive Roman „Die große Scheidung" von C. S. Lewis[24] zeigt in Form von Dialogen in der Geisterwelt zwischen den noch nicht geretteten Gestorbenen (den sogenannten Schatten) und den guten Geistern viele menschliche Verhaltensweisen und Einstellungen, die dem Eingang in den Himmel hinderlich sind. Auch wenn Lewis betont, dass es sich um einen Traum handelt und es kein Blick in Himmel und Hölle ist, hat er erstaunliche Parallelen zu Nahtodberichten in sein über zwölf Jahre lang entstandenes Werk eingearbeitet.

Auch viele Filme, wie „Flatliners" (1990, Medizinstudenten führen aus Forschergeist Kreislaufstillstände herbei und erleben eine Zwischenwelt), „Hinter dem Horizont" (1996, thematisiert das subjektive Erleben von Himmel und Hölle), „The Sixth Sense" (1999, über Geistwesen und einen Jungen, der sie wahrnehmen kann), „Ghost – Nachricht von Sam" (2002, Geisteswesen, das erst in den Himmel kann, nachdem irdische Gefahren von geliebtem Menschen abgewendet sind) und „In meinem Himmel" (2009, thematisiert den Blick einer Ermordeten auf das irdische Leben), haben das Weiterleben unserer Seele nach dem Tod mit Parallelen zu Aussagen aus Nahtodberichten zum Inhalt. Diese Fiktionen sind für sich genommen keine belastbare Quelle. Verschiedentlich haben aber reale Erlebnisse und Berichte die Autoren inspiriert.

Mystiker und religiöse Schriften

Mystiker verschiedener Regionen berichten zu verschiedenen Zeitpunkten in der Geschichte in ihren Visionen vom Himmel und davon, was ihre unsterbliche Seele in einer Geisteswelt erlebt. Der aus meiner Sicht bedeutendste christliche Vertreter ist der Inder Sadhu Sundar Singh (1889 – 1929) mit seiner Schrift „Gesichte der Geisteswelt".[25]

Nachtodberichte sind nicht auf die christliche Religion beschränkt. Der Glaube an ein Fortleben der Seele nach dem Tod findet sich in der indianischen Naturreligion, im Totenbuch der Tibeter[26] (dem Bardo Thödol), bei den Sumerern (im Gilgamesch-Epos), im Ägyptischen Totenbuch[27] (wörtlich: Heraustreten in das Tageslicht) und in allen Weltreligionen.

Hier gibt es teilweise überraschende Übereinstimmungen mit Nahtodberichten, wie z. B. die Bereiche der Hölle und der „Hungrigen Geister" im Tibetanischen Totenbuch.

Sterbebettvisionen

Neben den Nahtodberichten gibt es überlieferte Aussagen von Sterbenden, die – während sie noch am Leben waren – davon berichteten, dass bereits verstorbene Verwandte sie abholen kommen, dass Engel im Raum sind oder dass sie den Himmel offen sehen. Auch von sphärischer, wunderbar harmonischer Musik wird berichtet. Anders als Nahtodberichte werden sie im wachen Zustand erlebt, spiegeln aber ebenfalls häufig nachprüfbare Begegnungen mit unsterblichen Seelen wieder. Sie werden jedoch in diesem Buch mit Blick auf den sich sonst ergebenden Umfang nicht berücksichtigt.

Terminale geistige Klarheit

Der Sachverhalt, dass Patienten mit nachgewiesenen organischen Hirndefekten wie Demenz oder Alzheimer kurz vor ihrem Tod noch einmal geistig in einer Art und Weise klar werden, wie dies bei ihrem medizinischen Befund nicht möglich wäre, wird als terminale geistige Klarheit bezeichnet.

Er allein weist noch nicht auf ein Leben nach dem Tod hin, stützt jedoch die Annahme von einem nicht allein hirngebundenen bzw. gehirnverursachten Bewusstsein.

Erlebnisse in Lebensgefahr

Menschen in Lebensgefahr, insbesondere solche, die einen Sturz erfahren mussten, berichten davon, dass ihr ganzes Leben an ihnen vorbeigezogen sei. Dieses Phänomen wurde gerade bei Bergsteigern genauer untersucht. Aber auch in anderen lebensgefährlichen Situationen (ohne tatsächliches Kreislaufversagen, ohne körperliche Beeinträchtigung und ohne einsetzenden Sterbeprozess) kommt insbesondere die Lebensrückschau, das Gefühl einer bewahrenden und schützenden Liebe oder die Gegenwart von Engeln als ähnliches Element wie in Nahtodberichten häufiger vor. Dieses Erleben deutet auch auf eine geistige Realität, findet aber in diesem Buch wegen der sich sonst ergebenden Breite keine weitere Beachtung.

Nachtoderlebnisse

Während Nahtoderlebnisse im Zustand des klinischen Todes erfahren werden, beschreiben lebende Personen in Nachtoderlebnissen ihre Begegnung mit oder ihre Führung durch bereits verstorbene Personen. Diese Begegnungen sind sehr häufig, so berichten nach einer amerikanischen Studie 42 % der Befragten von Kontakt mit Verstorbenen[28] und nach einer europäischen Studie 25 % der Befragten[29]; in der Studie von Knoblauch immerhin zwölf Prozent[30]. Diese Erfahrungen sind oft objektiv nachprüfbar, so berichtet Nicolay von Frau B.[31], deren Opa sich zum nachprüfbaren Todeszeitpunkt um 5:30 Uhr mit den Worten von ihr verabschiedete „Ich gehe jetzt. Wir sehen uns wieder." oder von Frau F.[32], deren Exmann sich im Traum ebenfalls zum Todeszeitpunkt von ihr mit den Worten „Bitte verzeih mir." verabschiedete.

Auch wenn diese Nachtoderlebnisse wiederum durch ihre Objektivität (der Todeszeitpunkt ist häufig gut bestimmbar) und durch ihre Intimität (hier werden teilweise Kenntnisse übermittelt, die nur der Verstorbene haben konnte, wie das Versteck eines Schlüssels oder von Geld) ein weiteres sehr gutes Indiz für die Fortexistenz einer unsterblichen Seele sind, werden sie in diesem Buch ebenfalls nicht vertieft.

Nachtod-Erlebnisse haben eine Parallele in der Bibel dazu, dass nach dem Tod Jesu ebenfalls bereits Verstorbene vielen Lebenden erschienen, wie in Matthäus 27,52–53 (EÜ) zu lesen ist: *Die Gräber öffneten sich und die Leiber vieler Heiligen, die entschlafen waren, wurden auferweckt. Nach der Auferstehung Jesu verließen sie ihre Gräber, kamen in die Heilige Stadt und erschienen vielen.*

4. Das Leben nach dem Leben

Der Prozess des Sterbens

Nahtoderlebnisse enthalten kulturell geprägte individuelle Elemente. Dennoch ähneln sich die Schilderungen des Ablaufs der Nahtoderlebnisse von Menschen aus unterschiedlichen Kulturen. Bestimmte Elemente des Sterbeerlebens kommen übereinstimmend in verschiedenen Berichten vor – unabhängig vom religiösen oder regionalen Hintergrund der Menschen. Insbesondere wissenschaftliche Studien mit einer größeren Anzahl ausgewerteter Berichte zeigen, dass viele Elemente europäischer und amerikanischer Berichte auch in anderen Regionen der Erde beim Sterben erlebt werden, so z. B. in Japan[33] und China[34]. Ein Sterbeerleben besteht jedoch typischerweise nicht aus allen Elementen, und kein Erlebnis gleicht haargenau dem andern.

Zum besseren Verständnis seien hier kurz häufige Elemente eines Nahtoderlebnisses in Anlehnung an Moody[35] vorgestellt. Über die vergleichbaren gemeinsamen Elemente im Erleben hinaus sind Nahtoderlebnisse insgesamt jedoch oft sehr individuell.

Viele Schilderungen beginnen damit, dass die Seele (in den Berichten auch bezeichnet als das Ich, der Geist oder das Bewusstsein) den Körper verlässt und sich als körperlos empfindet. In mehr als der Hälfte der Berichte empfinden sich die Erfahrenden als gestalthaft mit einem dem früheren Körper vergleichbaren Aussehen, aber mit geschärften Sinnen. Seltener wird die **Außerkörperlichkeit** gestaltlos als „reines Bewusstsein" (etwa ein Drittel der Berichte) oder als Wolke bzw. als Kraftzentrum (weniger als ein Sechstel) empfunden.[36] So eine „gestaltlose" Wahrnehmung wird wie folgt beschrieben: *Ich nahm mich in einer wunderbaren Weise leicht, hell und beschwingt wahr. Ich vergleiche mich mit einer ganz winzig kleinen Daunenfeder.*[37]

Wenn das Verlassen der Seele selbst erlebt wird, geschieht es meist durch die Brust oder durch den Kopf. Manche Menschen, vor allem solche, die kein Weiterleben nach dem Tod erwarten, und solche, deren Tod sehr plötzlich eintrat, werden sich gar nicht bewusst, dass sie gestorben sind. Sie fühlen sich lebendig und besser als zuvor. Sie empfinden die Welt um sich herum weiterhin, jedoch intensiver und mit schärferen Sinnen.

Aber dadurch, dass sie sich den Lebenden nicht mehr mitteilen und auch nichts Materielles mehr berühren können, wird ihnen das eigene Gestorben-Sein bewusst. Auch das Hören der Worte der Ärzte während einer Reanimation oder der eigenen Todesnachricht aus dem Munde anderer (Unfallzeugen, Ärzte, Verwandte) kann den eigenen Tod bewusst machen. Bemerkenswert ist hierbei, dass gestorbene und ins Leben zurückgekehrte Menschen über die Gespräche und Geschehnisse während des Todes berichten können, auch wenn ihre Augen geschlossen sind und gleichzeitig keine Lebenszeichen auszumachen waren. So erzählt eine Krankenschwester in einem Bericht, den Pim van Lommel aufgeschrieben hat: *Während einer Nachtschicht brachte ein Krankenwagen einen 44-jährigen blau verfärbten Mann, der etwa 30 Minuten zuvor im Koma liegend auf einer Wiese gefunden worden war. Als er intubiert werden sollte, stellte sich heraus, dass er ein Gebiss trug. Dieses legte ich auf den Instrumenten-Trolley. Nach etwa 90 Minuten hatte der Mann wieder einen ausreichenden Herzrhythmus und Blutdruck, lag aber noch immer im Koma. Er wurde auf die Intensivstation verlegt, um dort die künstliche Beatmung fortzusetzen. Nach etwa einer Woche traf ich den Patienten wieder, und er sagt zu mir: „Oh, diese Krankenschwester weiß, wo mein Gebiss ist." Ich war sehr überrascht. Er erklärte weiter:*

„Sie waren da, als ich ins Krankenhaus gebracht wurde, und haben mein Gebiss aus meinem Mund genommen und auf den kleinen Wagen gelegt, auf dem all die Flaschen standen und der die vielen Schubladen hatte." Mich überraschte dies insbesondere, weil dies zu einem Zeitpunkt geschah, als der Mann eine Herz-Lungen-Reanimation erfuhr und im tiefen Koma lag. Es stellte sich heraus, dass der Mann sich selbst im Bett liegen sah und er von oben auf die Szene schauen konnte, wie Schwestern und Ärzte die Reanimation durchführten. Er konnte zudem genau den kleinen Raum beschreiben, in dem er lag, wie auch die Personen, die darin waren.[38]

Auch werden in Nahtodberichten nachprüfbare Details erwähnt, die allein dadurch zu erklären sind, dass die Seele den Körper verlassen hat und aus einer anderen Perspektive blickt. Alois Serwaty beschreibt in seiner Nahtoderfahrung, wie seine Seele an der Decke schwebend nach unten blickte: *In diesem Zustand wurde meine Aufmerksamkeit auf ein Detail eines medizinischen Gerätes, nämlich eine Art Typenschild, gerichtet, das sich mir einprägte. Warum dies so interessant war, vermag ich nicht zu sagen. Ich schilderte dem Arzt dies kurz, nannte ihm auch Einzelheiten des Schildes an dem Gerät, das ich in diesem Zustand gesehen hatte. Ich wollte nur eine kurze Erklärung, vielleicht: Ja, wir kennen dieses Phänomen, es ist so und so zu erklären. Der Arzt reagierte aber nicht darauf. Später ließ er mir jedoch durch eine Schwester bestätigen, dass meine Beobachtung richtig gewesen sei. Die Schwester bestätigte mir wiederum, dass es unmöglich für den Patienten sei, dieses Schild zu sehen. Dabei blieb es. Eine Dokumentation in den Krankenakten ist nicht erfolgt.[39]*

Wenn die Verstorbenen nicht ein Leben nach dem Tod erwarten, wird nach der Loslösung der Seele vom Körper oft ein Gefühl der Verwirrtheit beschrieben. So berichtet Howard Storm: *Ich befand mich zwischen zwei Betten in meinem Krankenzimmer. Das war verstörend und überraschend; das war nicht richtig. Warum war ich lebendig? Ich hatte mich nach der Auslöschung gesehnt, nach einem Ausweg aus diesem alles beherrschenden und unerträglichen Schmerz. Könnte es ein Traum sein? … Aber ich wusste, dass es keiner war. Es war mir bewusst, dass ich mich wacher, lebendiger und aufmerksamer als je in meinem Leben fühlte. Alle meine Sinne waren extrem lebendig.*[40]

Auch das Erkennen des eigenen leblosen Körpers verwirrt oder erschreckt manche Erlebenden. In vielen Nahtodberichten wird jedoch deutlich, dass das Interesse am Körper nachlässt, so wie im folgenden Beispiel: *Da lag ein Objekt in meinem Bett unter der Bettdecke. Als ich mich vornüber beugte, um mir das Gesicht des Körpers dort im Bett genau anzusehen, bekam ich einen gehörigen Schrecken, weil ich feststellte, wie sehr es meinem eigenen Gesicht ähnelte. Es war doch unmöglich, dass es sich bei diesem Ding dort um mich selbst handelte, denn ich stand doch darüber gebeugt und schaute es an. … Alles, was mich selbst ausmachte, also mein Bewusstsein und mein physisches Selbst, standen neben dem Bett. Nein, das war nicht ich, der da im Bett lag. Es war nur ein Ding, das keine Bedeutung für mich hatte. Es hätte genauso gut ein Stück Fleisch im Supermarkt sein können.*[41]

Manche Berichte erwähnen eine „**Silberschnur**", welche den irdischen physischen Körper mit der Seele verbindet (z. B. Berichte von Dr. Dianne Morrissey[42], Alice Morrison-Mays[43], Susan Blackmore[44], Debbie Doe[45] u. a.). Interessant ist, dass es eine Entsprechung auch in der Bibel in Prediger 12,1-7 (LUT) gibt: *Denk an deinen Schöpfer in deiner Jugend, ehe die bösen Tage kommen und die Jahre sich nahen, da du wirst sagen: „Sie gefallen mir nicht"; ehe die Sonne und das Licht, Mond und Sterne finster werden und Wolken wiederkommen nach dem Regen… denn der Mensch fährt dahin, wo er ewig bleibt, und die Klageleute gehen umher auf der Gasse;* **ehe die silberne Schnur zerreißt** *und die goldene Schale zerbricht und der Eimer zerschellt an der Quelle und das Rad zerbrochen in den Brunnen fällt.* **Denn der Staub muss** *wieder zur Erde kommen, wie er gewesen ist, und der Geist wieder zu Gott, der ihn gegeben hat.*

Auch hier im Buch Prediger (auch als Kohelet bezeichnet) wird bereits im Alten Testament die Dualität von sterblichem Körper (Staub) und unsterblichem, zu Gott zurückkehrendem Geist deutlich.

Je nachdem, wie der Tod eingetreten und mit welcher Prägung und Haltung die Seele in den Tod gegangen ist, wird der weitere Verlauf der Nahtoderlebnisse geschildert. Positive Erlebnisse überwiegen in den Nahtod-Schilderungen, wenn das eigene Leben von Liebe zum Nächsten, zu Gott und zu sich selbst geprägt war und wenn der Tod nicht überraschend oder gewaltsam eingetreten ist. Das Gefühl der Ruhe und des Friedens wird am häufigsten während eines Nahtoderlebnisses empfunden.[46,47,48] Quälende Schmerzen verschwinden genauso wie Ängste oder Sorgen; Gebrechen oder Behinderungen aus dem Leben gibt es beim Geistkörper nicht.

Die Bewegung durch einen **Tunnel** wird häufig, aber bei Weitem nicht immer berichtet. Tunnel werden übrigens bei Kaiserschnittgeborenen ebenso wie bei auf natürlichem Weg geborenen Menschen gleich häufig erlebt; wie auch bei Blinden oder bei Menschen, deren Augen während einer OP blickdicht verschlossen waren. Diese Fakten widersprechen der biologisch/physiologisch/materialistischen Deutung von einer Erinnerung an das Geburtserleben oder von der Ursache, dass die äußeren Bereiche der Netzhaut zuerst nicht mehr durchblutet werden.

Dieser Tunnel führt meist zu einem Licht. Folgender Bericht schildert das Erleben im Tunnel, wobei zwischen *zwei* Tunneleindrücken eine klare Begegnung mit verstorbenen Verwandten erfolgte, was der Theorie der mangeldurchbluteten Netzhaut als Ursache ebenfalls widerspricht. Denn sonst müssten sich *alle* Szenen in einem

Tunnel abspielen. Das Erleben wird wie folgt wiedergegeben: *Ich befand mich wie auf einer Ebene, die wie eine Bühne aussah, und in der hinteren rechten Ecke eröffnete sich ein Tunnel oder eine Röhre, aus welcher ein Licht in einer Dimension erstrahlte, wie man es nicht oder schlecht beschreiben kann. Dabei bewegte ich mich tiefer in diesen Tunnel ... Am Ende des Tunnels kam ich wie auf eine Wiese, wobei ich ein Farbenspiel sah oder erlebte, wie man es nicht beschreiben kann. Pastelltöne von einer Zartheit, dass man sich daran nicht hätte satt sehen können. Wie aus einem Bodennebel erschienen mir drei Personen, von denen ich die beiden vorderen als meine Großeltern erkannte. Meine Großmutter hob beide Arme in Brusthöhe und streckte mir die Handflächen entgegen, wie in einer Abwehrbewegung, komm bitte nicht näher. Von diesem Moment begann sich das Bild von mir weg zu bewegen, ich sah wieder den Tunnel mit dem hellen Licht und dann verschwand alles.*[49]

Der Weg zum Licht kann aber auch über eine Treppe, Leiter oder Straße bzw. auch in einem Boot über das Wasser als Symbole des Übergangs führen. Die Bewegung wird als Schweben, Gehen oder als Fallen beschrieben. Die Symbolik eines Übergangs zum Schöpfer wird auch von Brian Krebs in seinem Bericht gebraucht: *Die Verbindung zur Liebe ist der Tunnel. Er ist die Bahn oder Leitung zum Schöpfer.*[50]

Die Begegnung und Kommunikation mit einem **Lichtwesen** kommt in vielen Berichten vor. Es wird in den Berichten sehr unterschiedlich bezeichnet, zumeist aber als lebendig, also als Wesen und nicht als pures physikalisches Licht, beschrieben. Beschreibungen dieses Lichtwesens finden sich im Kapitel „Jesus im Himmel" ab Seite 58. Die Begegnungen mit dem Lichtwesen sind mit sehr starken Glücksgefühlen als dem häufigsten Element einer Nahtoderfahrung verbunden.

Manche Berichte beschreiben auch ein Eins-Werden mit dem Licht, wie der von Sabine Mehne: *Ganz plötzlich bin ich aus meinem Körper ausgetreten und befand mich über meinem Kopf. Ich hatte das Gefühl, mit einem unglaublichen Licht zu verschmelzen. Ich machte eine wahnsinnige Lichterfahrung und hatte das Gefühl, Teil des Lichts zu sein. Alles war Licht und ich war mittendrin. Ein unsagbar schönes Gefühl. … In diesem Licht war für mich das hervorstechende Erlebnis, eins zu sein, eine grenzenlose Freiheit und Geborgenheit im Licht zu erfahren. Kein Raum, kein Zeitgefühl. Kein Schmerzempfinden.*[51]

In anderen Berichten werden Begegnungen mit weiteren Lichtwesen beschrieben: den **Engeln.** Auch Menschen, die zu Lebzeiten nicht an Engel glaubten, erkennen sie im Nahtoderleben. Sie bekommen dann je nach Erfahrungshintergrund verschiedene Namen. Manche nennen sie Begleiter, Botschafter, Wächter oder Beschützer. Begegnungen mit Engeln treten ganz besonders häufig in Nahtoderfahrungen von Kindern auf.[52] Es wird von unterschiedlichen Rollen der Engel berichtet, so gibt es Schutzengel auf der Erde und Engel, die Seelen auf dem Weg zu Gott begleiten. Brian Glenn, ein zum Zeitpunkt des Erlebnisses dreijähriger Junge, nennt sie in Unkenntnis dessen, was ein Engel ist, „Vöglein", beschreibt sie aber als das, was wir als Engel bezeichnen. Die Engel behüten die Menschen und versuchen, mit ihnen zu kommunizieren. In seinem Bericht eilt eines der „Vöglein" zu seiner Mutter, um ihr von der Gefahr zu erzählen, in der ihr Junge war. Am Ende seines Erlebens sagen ihm die „Vöglein", dass er zurückkehren muss und den anderen von seinem Erleben erzählen soll. Sie erklären Brian, dass er mit dem Rettungswagen mitfahren muss, sie ihm aber nahe bleiben würden. Brian beschreibt die „Vöglein" als wundervoll und will nicht zurück.[53]

Auch biblische Schilderungen weisen sowohl auf die Lichtgestalt von Engeln hin, als auch darauf, dass sie deutlich von Menschen zu unterscheiden sind, sonst wären die Hirten bei der Engelerscheinung in Lukas 2,9–10 (HFA) nicht so erschrocken: *Plötzlich trat ein Engel Gottes zu ihnen, und Gottes Licht umstrahlte sie. Die Hirten erschraken sehr, aber der Engel sagte: Fürchtet euch nicht!*

Nach Jesu Tod erscheint der Engel in Matthäus 28,2–3 (HFA) ebenfalls als Lichtgestalt: *Plötzlich fing die Erde an zu beben, und ein Engel Gottes kam vom Himmel herab, wälzte den Stein vor dem Grab beiseite und setzte sich darauf. Er leuchtete hell wie ein Blitz, und sein Gewand war weiß wie Schnee.*

In etwa jedem sechsten Nahtoderlebnis auf dem amerikanischen Kontinent kommt es nach einer Studie von Long zu einer **Begegnung mit bereits Verstorbenen**. Interessanterweise ist dieses Element des Nahtoderlebens in Studien auf der ganzen Welt (Indien, Thailand, China, Japan, Nordamerika, Europa) belegt, während andere Elemente regional weniger häufig berichtet werden. Nach Studien von Long[54] und Kelly[55] waren fast alle der Verstorbenen, denen Nahtoderlebende begegneten, Verwandte.

Im starken Unterschied zu Traumerlebnissen enthielten nur ganz wenige der ausgewerteten Nahtodberichte sowohl in der Kelly-Studie, als auch in einer Studie von Long Begegnungen mit Personen, die zu diesem Zeitpunkt noch lebten.[56]

Dabei sind diejenigen Fälle besonders bemerkenswert, bei denen Menschen während einer Nahtoderfahrung gerade erst Gestorbenen begegnen. Die Nachricht von deren Tod hatte zu diesem Zeitpunkt noch keinen erreicht, und die Nahtoderfahrenden konnten nach der Rückkehr ins Leben den Angehörigen entsprechend erzählen.

Davon handelt folgender Bericht: *Ich war schwer krank und kurz davor, an Herzversagen zu sterben, und zugleich lag meine Schwester im selben Krankenhaus mit diabetischem Koma im Sterben. Ich ging aus meinem Körper raus und schwebte nach oben unter die Zimmerdecke. ... Plötzlich war meine Schwester bei mir, und wir unterhielten uns. ... Doch auf einmal fing sie an, sich von mir wegzubewegen. Ich wollte mitgehen, aber sie sagte mir immer wieder, ich müsse dableiben. ... Dann verschwand sie in der Entfernung in einem Tunnel, während ich allein zurückblieb. Als ich wieder zu mir kam, sagte ich den Ärzten, meine Schwester sei gestorben. Sie glaubten mir nicht, aber als ich dabei blieb, ließen sie auf der betreffenden Station nachfragen. Meine Schwester war tatsächlich gestorben, wie ich es gesagt hatte.*[57]

Auch über Verwandte, deren Verwandtschaftsverhältnis den Gestorbenen nicht bekannt war, wird berichtet. Ein Beispiel ist die Begegnung von Evert Ter Beek, der während seiner Nahtoderfahrung einem jungen Mann begegnet war, der sich als sein unbekannter, inzwischen verstorbener, Sohn aus seiner früheren Beziehung herausstellte.[58] In einem weiteren Bericht begegnet eine Frau im Nahtoderlebnis ihrem biologischen Vater, von dem sie erst zehn Jahre später zum ersten Mal erzählt bekommt: *Während meines Herzstillstandes hatte ich eine starke Erfahrung ... und sah später neben meiner bereits verstorbenen Großmutter einen Mann, der mich liebevoll ansah, den ich aber nicht kannte. Mehr als 10 Jahre später, am Totenbett meiner Mutter, beichtete sie mir, dass ich aus einer unehelichen Beziehung hervorgegangen war und mein Vater als Jude während des Zweiten Weltkriegs deportiert und ermordet worden war. Sie zeigte mir ein Bild von ihm, und es stellte sich heraus, dass der Mann, den ich vor 10 Jahren in meiner Nahtoderfahrung gesehen hatte, mein biologischer Vater war.*[59]

Nach unterschiedlichen Studien erlebt etwa jeder Dritte bis jeder Fünfte der Sterbenden einen **Rückblick auf sein Leben**. Bei plötzlichem Tod und in jüngeren Jahren scheint das Element der Lebensrückschau sogar noch häufiger aufzutreten.[60] In diesen Lebensrückschauen wird intensiv die Wirkung des eigenen Handelns auf die Gefühle der anderen empfunden. Im Zentrum stehen folglich oft solche Szenen, in denen man anderen Freude oder Schmerz zugefügt hat: *Ich sah alle wichtigen Ereignisse aus meinem Leben, von meinem ersten Kuss bis zu Auseinandersetzungen mit meinen Eltern. Ich sah, wie egoistisch ich war, und erkannte, dass ich alles geben würde, wenn ich noch einmal zurück und mich ändern könnte.*[61]

Dabei wird oft berichtet, dass man selbst die Gefühle der anderen Bezugspersonen bei dieser Rückschau in sich selbst empfindet, wie in folgendem Fall: *Als nächstes zeigte er mir meine Lebensrückschau. Dabei sieht und spürt man jede Sekunde von der Geburt bis zum Tod. Man spürt seine Gefühle und auch die deren, denen man wehgetan hat, auch ihren Schmerz und ihre Gefühle spürt man. Das dient dazu, dass man nun aus einer anderen Perspektive erkennt, was für ein Mensch man war und wie man andere behandelt hat.* **Dabei beurteilt man sich selbst härter als jeder andere.**[62]

In der Lebensrückschau wird die Bedeutung der Liebe hervorgehoben. Bei allen Empfindungen, die bei anderen durch das eigene Handeln verursacht wurden, spielt die Liebe die wichtigste Rolle. Dies wird auch im folgenden Bericht deutlich: *Mein ganzes Leben bis heute wurde vor mir in einer panoramaartigen dreidimensionalen Rückschau ausgebreitet. Jedes Ereignis wurde von einem Bewusstsein von Gut und Böse begleitet und von einer Erkenntnis seiner Ursache, aber auch seiner Wirkung auf andere. Neben meinem eigenen Standpunkt empfand ich die Gedanken aller anderen am jeweiligen Ereignis Beteiligten, als wenn ich sie in mir hören konnte. Ich konnte also erkennen, wie meine Taten andere beeinflusst hatten und was andere dabei empfanden. Und während des gesamten Rückblicks wurde die Bedeutung der Liebe unterstrichen.*[63]

In manchen Berichten basiert die Lebensrückschau auch auf einem **Buch des Lebens**. Dieses Buch wird nicht nur durch eigene Handlungen, sondern auch durch das eigene Denken und Sprechen gefüllt: *Jede Person hat im Himmel eine ‚Akte‘, das sogenannte ‚Buch des Lebens‘, welche jede Person aktiv durch ihr eigenes Denken, Sprechen und Handeln permanent füllt.*[64]

In einem anderen Bericht wird ein leeres Buch symbolisch für ein noch unvollendetes Leben erwähnt: *…kam mir von weiter hinten die Oma mit offenen Armen entgegen. … Sie hat mir ein Buch gezeigt, in dem nur leere Blätter waren. Sie sagte: Das Buch ist noch leer. Dein Junge ist erst drei Jahre alt.*[65]

Von einem solchen Buch des Lebens wird in der Bibel an acht Stellen berichtet, z. B. in Offenbarung 20,12 (ELB): *Und ich sah die Toten, die Großen und die Kleinen, vor dem Thron stehen, und Bücher wurden geöffnet; und ein anderes Buch wurde geöffnet, welches das des Lebens ist. Und die Toten wurden gerichtet nach dem, was in den Büchern geschrieben war, nach ihren Werken.*

Manchmal möchten sich die Gestorbenen im Nahtoderleben den noch Lebenden mitteilen, z. B. um sich zu entschuldigen, zu erklären, Einfluss zu nehmen. Allen Nahtodberichten ist gemein, dass eine solche Kontaktaufnahme unmöglich ist, wie z. B. in folgendem Erleben: *Ich weiß nicht, wie lange das dauerte, aber ich hatte ganz klar das Gefühl, dass ich aus meinem Körper heraus schwebte. Ich sah meine Eltern, die neben meinem Bett standen, und ich konnte ihren emotionalen Schmerz spüren. Es war seltsam. Eigentlich hätte ich Schmerzen haben müssen, aber ich hatte keine. Stattdessen stand ich neben meinen Eltern und versuchte sie zu trösten, während sie auf ihren lieben Sohn hinuntersahen, der ster-*

ben würde, wie man ihnen gerade gesagt hatte. Es war schreck-
lich, aber ich konnte nichts tun. Ich stand neben meiner Mutter
und versuchte mich ihr bemerkbar zu machen, aber es gelang
mir nicht, weil sie nicht wusste, dass ich da war. … Endlich
machte es in meinem Kopf „klick", und mir wurde klar, dass sie
irgendwann merken würden, dass ich keine Schmerzen hatte,
sei es nun hier auf der Erde oder nicht. In dem Moment verging
mein Schmerz aus Mitgefühl, und ich konzentrierte mich auf
das, was ich gerade erlebte. [66]

Dieses Unvermögen, sich noch mitzuteilen oder auf die lebendige Welt wirken zu können, wird auch in der Nahtoderfahrung von George Ritchie deutlich, in der die Seele einer Frau in der geistigen Welt vergeblich versucht, an einer Zigarette zu ziehen (siehe Seite 70). Dieser Fakt weist zudem starke Ähnlichkeit zu Lukas 16,19–31 (EÜ) auf, in der ein reicher Mann im Totenreich seine Brüder auf der Erde warnen möchte. Ganz selbstverständlich wird hier in der Bibel darauf verwiesen, dass man direkt nach dem Tod von Engeln in den Himmel getragen wird oder in der Unterwelt landet: *Es war einmal ein reicher Mann, der sich in Purpur und feines Leinen kleidete und Tag für Tag herrlich und in Freuden lebte. Vor der Tür des Reichen aber lag ein armer Mann namens Lazarus, dessen Leib voller Geschwüre war. Er hätte gern seinen Hunger mit dem gestillt, was vom Tisch des Reichen herunterfiel. Stattdessen kamen die Hunde und leckten an seinen Geschwüren.* **Als nun der Arme starb, wurde er von den Engeln in Abrahams Schoß getragen.** *Auch der Reiche starb und wurde begraben. In der Unterwelt, wo er qualvolle Schmerzen litt, blickte er auf und sah von weitem Abraham, und Lazarus in seinem Schoß. Da rief er: Vater Abraham, hab Erbarmen mit mir und schick Lazarus zu mir; er soll wenigstens die Spitze seines Fingers ins Wasser tauchen und mir die Zunge kühlen, denn ich leide große Qual in diesem Feuer. Abraham erwiderte: Mein Kind, denk daran, dass du*

schon zu Lebzeiten deinen Anteil am Guten erhalten hast, La-
zarus aber nur Schlechtes. Jetzt wird er dafür getröstet, du aber
musst leiden. Außerdem ist zwischen uns und euch ein tiefer,
unüberwindlicher Abgrund, sodass niemand von hier zu euch
oder von dort zu uns kommen kann, selbst wenn er wollte. Da
sagte der Reiche: Dann bitte ich dich, Vater, schick ihn in das
Haus meines Vaters! Denn ich habe noch fünf Brüder. Er soll
sie warnen, damit nicht auch sie an diesen Ort der Qual kom-
men. Abraham aber sagte: Sie haben Mose und die Propheten,
auf die sollen sie hören. Er erwiderte: Nein, Vater Abraham, nur
wenn einer von den Toten zu ihnen kommt, werden sie umkeh-
ren. Darauf sagte Abraham: Wenn sie auf Mose und die Pro-
pheten nicht hören, werden sie sich auch nicht überzeugen las-
sen, wenn einer von den Toten aufersteht.

In einigen Nahtoderlebnissen werden zudem Töne oder
Geräusche wahrgenommen (auch von Gehörlosen) und
unbeschreiblich vielfältige Farben (auch von Blinden und
Farbenblinden). Es wird von einem unglaublich scharfen
Sehvermögen berichtet – jedoch nur ganz vereinzelt von
einem Geruchs- oder von einem Tastsinn.

Gerade die Berichte der Blinden sind besonders beeindruckend, weil Menschen, die vor ihrem fünften Lebensjahr
erblindet sind, auch keine visuellen Traumbilder kennen[67] und ihre Erfahrungen folglich nicht auf vermeintliche Traumerlebnisse oder Halluzinationen zurückgeführt werden können. Die große Mehrheit der Blinden hat
während ihrer Nahtoderfahrung überprüfbar richtige vi-
suelle Eindrücke von ihrer Umwelt, wie z. B. in einer Studie von Ring und Cooper über Nahtodberichte von 31
blinden Menschen nachgewiesen wurde.[68]

Ein Beispiel für ein solches Erleben mit Kenntnissen, die
nur aus einem visuellen Erleben stammen können, ist folgendes: *Auf Long Island beschrieb eine siebzigjährige Frau*
sehr genau und anschaulich, was um sie herum passierte, als
die Ärzte sie nach einem Herzanfall reanimierten. Diese Frau

war seit ihrem achtzehnten Lebensjahr blind. Sie konnte nicht nur beschreiben, wie die angewendeten Instrumente aussahen, sondern sogar ihre Farbe angeben. Das Erstaunlichste für mich war, dass es die meisten dieser Instrumente noch gar nicht gab, als diese Frau vor über fünfzig Jahren das Augenlicht verlor. Und die Krönung war, dass sie sogar wusste, dass der Arzt einen blauen Anzug anhatte, als er mit der Reanimation begann.[69]

In einem anderen Bericht nimmt eine stark kurzsichtige Frau während der Operation den Hut des Arztes wahr, der für die Untersuchung von Kindern mit Schmetterlingen verziert ist.[70]

Himmlische Landschaften werden in den Berichten erwähnt und im Kapitel „Der Himmel" (ab Seite 52) beschrieben.

Schließlich wird manchmal von einer **Grenze** bzw. Schranke erzählt, an der sich die Umkehr entscheidet und deren Überschreiten eine Rückkehr ins Leben unmöglich macht.[71] Den Berichten gemein ist, dass diese Scheidestelle den Gestorbenen bewusst ist. Es gibt Erlebnisse, in denen sie zurückgeschickt werden, wobei die Mehrzahl in diesem Himmel verbleiben will, und welche, in denen sie selbst diese Grenze nicht überschreiten wollen, weil sie Verantwortung für ihre Kinder oder Verwandten empfinden. Dabei ist das Gefühl der Verantwortung nicht mit einem Gefühl der Angst zu verwechseln – in den Berichten fürchtet sich niemand vor dem Himmel. In manchen Berichten fließt in die Entscheidung sogar der Blick in die Zukunft ein: *...sie schauten mich voller Liebe an und offenbarten mir große Teile meines kommenden Lebens: die Sorge um meine Kinder, die unheilbare Krankheit meiner Ehefrau, die Umstände, in die ich kommen werde, sowohl im Beruf als auch sonst. Ich schaute auf das Offenbarte und bekam das Gefühl, mich entscheiden zu müssen: Ich kann hierbleiben oder zurückkehren. Aber ich muss jetzt entscheiden.*[72]

Interessant ist auch, dass eine Nahtoderfahrung eine tiefe Auswirkung auf das weitere Leben der Zurückgekehrten hat. Fast alle der Befragten in verschiedenen Studien[73,74] berichten davon, dass sie danach keine Furcht mehr vor dem Tod haben und an ein Leben nach dem Tod glauben. Das Erlebnis ist also nicht vergleichbar mit einem Traum, den man bald vergisst.

Neben diesen wiederkehrenden Elementen enthält etwa jeder vierte Bericht[75] auch sehr **individuelle Elemente.**

Es wäre unzulässig, aus der Verallgemeinerung gemeinsamer Nahtodelemente auf eine sichere Objektivität bezüglich des Jenseits zu schließen. Der Erfahrungshintergrund der Sterbenden, vor allem ihre Hoffnung und Erwartung, prägt den individuellen Ablauf der Geschehnisse im Sterbeprozess. Aber: In vielen Berichten gibt es immer wieder überraschende Elemente, die eben nicht aus dem Erfahrungshintergrund her gedeutet werden können. Atheistisch erzogene Kinder, die bisher nicht von Engeln gehört hatten, berichteten von Begegnungen mit Engeln, gläubige Christen, die den Himmel erwarteten, fanden sich plötzlich vor der Hölle wieder (z. B. Erfahrung von Kenneth Hagin, Seite 112).

Nahtodberichte unterscheiden sich von Träumen und Halluzinationen in deutlicher Weise. Zum einen berichten die Erfahrenden, dass ihre Sinne hellwach und unglaublich scharf waren und sie selbst dieses Geschehen sehr wohl von einem Traum unterscheiden konnten.

Weiter konnten die Erfahrenden zum Teil exakt beschreiben, was in Nebenräumen, auf Gängen oder in der Umgebung passierte – und dies wurde von anderen bestätigt. Dieses Erleben kann unmöglich aus einer subjektiven, traumartigen Projektion erfolgen.[76]

Zudem gibt es zwar seltene, aber doch belegte gemeinsame Nahtodberichte, in denen verschiedene Menschen zum gleichen Zeitpunkt durch einen Blitzschlag[77] oder bei einer gefährlichen Löschaktion[78] eine simultane Nahtoderfahrung machten und die gleichzeitig gestorbenen Freunde in dieser Zeit erlebten. Kollektive simultane Träume oder kollektive Halluzinationen sind dagegen bisher nicht dokumentiert.

Während der Nahtoderfahrung wurden einzelnen Erlebenden Informationen über die Zukunft offenbart, z. B. das Geschlecht des ungeborenen Kindes, das baldige Sterben von zu diesem Zeitpunkt noch lebenden Personen oder künftige Ereignisse, wofür es keine naturalistische Erklärung gibt. Solche Prophetien sind in mehreren Fällen nachweislich belegt, wobei es nicht nur um einfache wahrscheinlichkeitsmathematische Sachverhalte ging (bei Junge oder Mädchen als Geschlecht des Kindes könnte man noch auf den 50:50-„Zufallstreffer" hin argumentieren), sondern um komplexe Ereignisse in der Zukunft. So traf Rene Turner ihren verstorbenen Großvater in ihrer Nahtoderfahrung. Der erzählte ihr, dass Großmutter bald auch kommen würde und er sich auf ihre Ankunft freute. Dabei offenbarte er, dass die Großmutter Krebs hätte, was drei Monate später bei ihr diagnostiziert wurde. Die Großmutter starb bald darauf.[79]

Nahtodberichte oder das Sterben *allein* auf subjektive Projektionen zu reduzieren, würde ihnen folglich nicht gerecht werden. Eine kritische weiterführende Auseinandersetzung findet sich im Kapitel „Schlussgedanken".

Wichtig zu erwähnen ist, dass sich die meisten Berichte auf einen Übergang beziehen. Die Seelen haben mit hoher Wahrscheinlichkeit noch nicht Eingang in ihren dauerhaften Aufenthaltsort gefunden, wenn sie noch in ihren Körper zurückkehren können. Die Berichte sind folglich kein Beleg für die Beschaffenheit der Ewigkeit, sondern nur ein Indiz: etwa vergleichbar mit einem Blick durch eine geöffnete Tür, ohne den ganzen Raum oder weitere Räume erkennen zu können.

Zudem erscheint es abschließend wichtig festzustellen, dass Nahtodberichte kein modernes, nur kommerziell getriebenes Phänomen sind, auch wenn einige wenige Erlebenden eine sehr intensive Vermarktung ihres Erlebnisses betreiben. Nahtodberichte wurden zu allen Zeiten und in allen Regionen der Erde und unabhängig vom religiösen Hintergrund der Erfahrenden überliefert und ähneln sich in ihrem Ablauf und dem Erleben häufig. So wird z. B. von einem Erlebnis von Linga Chokyi aus Tibet im 16. Jahrhundert berichtet: *Nach einer Weile hörte sie ihren bereits verstorbenen Vater sie rufen und folgt ihm. Sie sieht eine Brücke, die zur Hölle führt. Hier steht der Herrscher der Toten und zählt die guten und die bösen Taten der Gestorbenen. Sie sieht einen bedeutenden Mann, der in diesen Bereich kommt, um die Gestorbenen zu befreien. Dabei wird ihr gesagt, dass sie zurückkehren muss.*[80]

Die vielen belegten, sich ähnelnden Erfahrungen während des Sterbens deuten auf die Fortexistenz unserer Seele in einer geistigen, nicht-materiellen Welt.

Die Fortexistenz nach dem Tod

In der Bibel findet sich das Konzept eines Totenreiches, in welchem die Seelen der Verstorbenen sind, neben dem Konzept von einem Himmel mit mehreren Sphären und verschiedenen Bereichen der Hölle, welche im Urtext auch mit verschiedenen Begriffen bezeichnet wurden und erst in der heutigen deutschen Übersetzung im gemeinsamen Begriff „Hölle" zusammengefasst werden.

Ein Reich der Toten ist in der Bibel fest verankert und keinesfalls allein eine „Erfindung" griechischer Philosophen, die später Einfluss auf unser Religionsverständnis genommen hat. Allein im Alten Testament wird an *63 Stellen* vom Scheol gesprochen.[81] Vom Wortstamm her bedeutet Scheol zuerst einmal das Totenreich. Schon in der

Zeit vor dem Auftreten Jesu war dieser Scheol nicht nur ein symbolisch-endgültiges Reich der unwiderruflich Toten, sondern mit einer Hoffnung auf das ewige Leben verbunden, wie die folgenden Bibelstellen zeigen:

Jesaja 26,19 (EÜ): *Deine Toten werden leben, die Leichen stehen wieder auf; wer in der Erde liegt, wird erwachen und jubeln. Denn der Tau, den du sendest, ist ein Tau des Lichts; die Erde gibt die Toten heraus.*

Daniel 12,1–3 (EÜ): *In jener Zeit tritt Michael auf, der große Engelfürst, der für die Söhne deines Volkes eintritt. Dann kommt eine Zeit der Not, wie noch keine da war, seit es Völker gibt, bis zu jener Zeit. Doch dein Volk wird in jener Zeit gerettet, jeder, der im Buch verzeichnet ist.* **Von denen, die im Land des Staubes schlafen, werden viele erwachen, die einen zum ewigen Leben, die anderen zur Schmach, zu ewigem Abscheu.** *Die Verständigen werden strahlen, wie der Himmel strahlt; und die Männer, die viele zum rechten Tun geführt haben, werden immer und ewig wie die Sterne leuchten.*

Auch auf die Möglichkeit, dass Verstorbene das Totenreich verlassen und sich im Reich der Lebenden zeigen, wird in der Bibel hingewiesen, z. B. in Lukas 16,31 oder Matthäus 27,52–53 (siehe S. 25).

Dieses Totenreich gibt es in sehr vielen Religionen über Jahrtausende der Menschheitsgeschichte, was zeigt, dass die Menschen erst in jüngster Zeit ihre Zuversicht auf eine Fortexistenz nach dem Tod ablegen.

Die unsichtbare Welt und die materielle Welt scheinen auch in der Bibel unter bestimmten Umständen durchlässig zu sein. In 1 Samuel 28,13–15 (LUT) lässt die Totenbeschwörerin von En-Dor für Saul den Samuel aus der geistigen Welt in die materielle Welt aufsteigen: *Die Frau sprach zu Saul: Ich sehe einen Geist heraufsteigen aus der Erde. Er sprach: Wie ist er gestaltet? Sie sprach: Es kommt ein alter Mann herauf und ist bekleidet mit einem Priesterrock. Da erkannte Saul, dass es Samuel war, und neigte sich mit seinem*

Antlitz zur Erde und fiel nieder. Samuel aber sprach zu Saul: Warum hast du meine Ruhe gestört, dass du mich heraufsteigen lässt?

Der Geist hat eine körperliche Gestalt, kann kommunizieren und agiert als eigene Person, welche nicht den Wunschvorstellungen des rufenden Sauls entspricht.

Eine andere Begebenheit aus dem Neuen Testament bekräftigt mit der Begegnung der schon lange zuvor verstorbenen Mose und Elia ebenfalls die Erwartung einer kontinuierlichen Fortexistenz nach dem Tod und hat starke Parallelen zu den Schilderungen aus Nahtodberichten, wie z. B. das umstrahlende Licht. Sie macht die Erlebenden ebenso sprachlos, wie viele Menschen, die eine Nahtoderfahrung hatten. In Lukas 9,28–36 (HFA) steht: *Acht Tage später stieg Jesus mit Petrus, Johannes und Jakobus auf einen Berg, um zu beten. Als Jesus betete, veränderte sich sein Gesicht, und seine Kleider strahlten hell. Plötzlich standen zwei Männer da und redeten mit ihm: Mose und Elia. Auch sie waren von hellem Licht umgeben und sprachen mit Jesus über seinen Tod, den er nach Gottes Plan in Jerusalem erleiden sollte. Petrus und die beiden anderen Jünger waren eingeschlafen. Als sie aufwachten, sahen sie Jesus von Licht umstrahlt und die zwei Männer bei ihm. Schließlich wollten die zwei Männer gehen. Da rief Petrus: „Meister, hier gefällt es uns. Wir wollen drei Hütten bauen, für dich, für Mose und für Elia!" Petrus wusste aber gar nicht, was er da redete. Während er sprach, fiel der Schatten einer Wolke auf sie. Die Wolke hüllte sie ein, und sie fürchteten sich; dann hörten sie eine Stimme: „Das ist mein geliebter Sohn, auf ihn sollt ihr hören!" Dann war Jesus wieder allein. Die Jünger sprachen lange Zeit nicht über das, was sie erlebt hatten.*

Die Existenz einer geistigen Welt, in der Engel, Dämonen, Mose und Elia sind, wird in der Bibel selbstverständlich angenommen. Auch im Glaubensbekenntnis von Nizäa und Konstantinopel wird die Existenz einer unsichtbaren geistigen Welt explizit bekannt: *Ich glaube an den einen Gott, den Vater, den Allmächtigen, der alles geschaffen hat, Himmel und Erde, die sichtbare und die unsichtbare Welt.*

Im Apostolischen Glaubensbekenntnis wird ebenfalls bezeugt, dass es ein Totenreich gibt. In dieses Totenreich ist Jesus hinabgestiegen: *„… gekreuzigt, gestorben und begraben, hinabgestiegen in das Reich des Todes, am dritten Tage auferstanden von den Toten."*

Wenn der Mensch nach seinem Tode vollständig aufhörte zu sein, dann wäre die Existenz eines Totenreiches sinnlos, denn dann wäre dieses Reich immer leer. Aber in diesem eben nicht-leeren Totenreich hat Jesus nach 1 Petrus 3,18–20 (HFA) den Seelen derjenigen Menschen gepredigt, welche zur Zeit Noahs gelebt hatten: *Vergesst nicht, wie viel Christus für unsere Sünden leiden musste! Er, der frei von jeder Schuld war, starb für uns schuldige Menschen, und zwar ein für alle Mal. So hat er uns zu Gott geführt; sein Körper wurde am Kreuz getötet, der Geist Gottes aber erweckte ihn zu neuem Leben. So ist er auch zu den Geistern in die Totenwelt gegangen, um ihnen die Botschaft der Befreiung zu verkünden. Er ging zu denen, die zur Zeit Noahs gelebt hatten und Gott ungehorsam gewesen waren.*

Jesus ist zudem nicht nur Herr über Lebende, sondern auch über Tote, wie in Römer 14,8–9 (ELB) steht: *Denn sei es auch, dass wir leben, wir leben dem Herrn; und sei es, dass wir sterben, wir sterben dem Herrn. Und sei es nun, dass wir leben, sei es auch, dass wir sterben, wir sind des Herrn. Denn hierzu ist Christus gestorben und wieder lebendig geworden, dass er herrsche sowohl über Tote als auch über Lebende.*

Ärzte und andere Wissenschaftler, die sich ausgehend von einem wissenschaftlichen – und nicht von einem religiösen – Standpunkt mit dem Phänomen Nahtod-Erleben befassten, kommen zu dem Schluss, dass eine unsterbliche Seele, ein fortexistierendes Bewusstsein oder wie sie es auch nennen, zusätzlich zu unserem Körper existiert. Pim von Lommel, ein niederländischer Kardiologe, der 2001 mit einer aufsehenerregenden Studie unter klinischen Bedingungen Nahtoderlebnisse untersucht hat, argumentiert in einem Artikel 2006: *Aufgrund der vielen Berichte von Nahtoderlebnissen sollten wir nicht nur in Betracht ziehen, dass man während eines Herzstillstandes bewusste Erfahrungen machen kann, sondern wir sollten uns auch fragen, ob es nicht auch dann noch weiter ein Bewusstsein gibt, wenn man gestorben und sein Körper kalt ist? ... Wir glauben daran, dass der Tod unseres Körpers das Ende unserer Identität, unserer Existenz und all dessen, was wir sind, ist. ... Aber die wenigsten von uns führen sich vor Augen, dass jede Sekunde 500.000 unserer Zellen sterben. Jeden Tag sterben 50 Milliarden Zellen unseres Körpers und werden durch neue Zellen ersetzt, was dazu führt, dass ungefähr jedes Jahr unser kompletter Körper ersetzt wurde.*[82]

Übrigens wird die weit verbreitete Annahme, dass Gehirnzellen anders als die anderen Zellen im menschlichen Körper nicht neu gebildet werden, durch jüngere Forschungsergebnisse relativiert. Auch Gehirnzellen sterben ab und werden neu gebildet.[83] Das unsterbliche Bewusstsein, unsere Seele, geht in die geistige Welt ein.

Andere Wissenschaftler betrachten das Bewusstsein dagegen rein mechanistisch. Der britische Astrophysiker Stephen Hawking wird in der Zeitung „The Guardian" mit der abwertenden Bemerkung zitiert, dass *ein Leben nach dem Tod ein Märchen für Leute ist, die sich vor dem Dunkel fürchten*. Er betrachte das Gehirn als eine Art Computerprogramm, das man kopieren und damit eine Lebensform über den Tod hinaus schaffen könne. Aber es gäbe keinen Himmel oder Leben nach dem Tod für kaputte Computer.[84]

Van Lommel, der davon ausgeht, dass Bewusstsein nicht von einem Körper oder Gehirn abhängt, erwiderte auf diesen Vergleich mit einem anderen Bild, der das Bewusstsein eher mit dem Internet, als mit dem lokalen Computer vergleicht, nämlich dass auch *das Internet nicht im Laptop angesiedelt* sei. Und wenn wir *den Fernseher ausschalten, haben wir keinen Empfang mehr, aber die Übermittlung besteht weiter.*[85]

Die Seele

In Nahtodberichten wird zwar zumeist nicht von der Seele gesprochen, sondern von „Bewusstsein", dem „geistigen Leib" oder dem „Ich". Es wird aber – auch wenn die Bezeichnungen verschieden sind – von der Loslösung der Seele nach dem Herzstillstand aus dem irdischen Leib berichtet. Die Seele kann weiterhin denken, empfinden und verwirrt sein. Sie kann fühlen, wahrnehmen, sehen, hören, wie folgender Bericht zeigt: *… und der Herzschlag blieb aus. Im selben Augenblick hörte ich die Schwestern rufen ‚Herzstillstand'. Ich fühlte, wie ich aus meinem Körper austrat und zwischen Matratze und Seitengitter des Bettes hinab glitt – es kam mir eher so vor, als ob ich mich durch das Gitter hindurch bewegte – bis ich am Boden ankam. Und von da an stieg ich ganz langsam in die Höhe, … bis ich unter der Decke zum Stillstand kam; dort oben schwebend blickte ich hinunter. Fast kam ich mir vor wie ein Stück Papier, das zur Decke hochgeblasen wurde.*[86]

Die Seele selbst ist körperlos, schwerelos und kann sich allein durch die Kraft der Gedanken durch den Raum bewegen. Im Moment des Todes verlässt sie den Körper, wie hier berichtet wird: *Ich hörte ein fürchterliches Krachen – als der Wagen an der Seite eingedrückt wurde – und dann kam ein kurzer Augenblick, in dem mir schien, als ob ich mich durch Dunkelheit, durch einen dunklen geschlossenen Raum hindurch bewegte. Das ging alles sehr rasch. Und dann auf einmal schwebte ich offenbar über der Erde, vielleicht eineinhalb*

Meter über dem Boden und über der Erde und etwa fünf Meter vom Auto entfernt.[87]

Die Seele ist in den Berichten immer unversehrt und vollkommen, selbst wenn der Körper zuvor unvollkommen (kurzsichtig, farbenblind, blind oder taub) oder behindert war. Vicki Umipeg, eine blinde Frau, berichtet, wie sie während ihrer Nahtoderfahrung zum ersten Mal sehen konnte: *Das war das einzige Mal, dass ich sehen konnte und dass ich nachvollziehen konnte, was mit dem Begriff ‚Licht' gemeint ist, weil ich es selbst erfahren konnte. Jeder, den ich sah, war aus Licht gemacht und ich selbst ebenfalls. Das Licht war Träger der Liebe und verbreitete sie. Überall war Liebe zu spüren, als wenn sie aus dem Gras, den Vögeln und den Bäumen ausstrahlte.*[88]

Die Vollkommenheit eines ewigen Leibs wird auch in der Bibel verheißen, wenn Paulus in 1 Korinther 15,40–44 (HFA) sagt: *Die Sterne am Himmel sind ganz anders beschaffen als die Geschöpfe auf der Erde; doch jeder Stern und jedes Lebewesen ist auf seine Weise schön. … Genauso könnt ihr euch die Auferstehung der Toten vorstellen. Unser irdischer Körper ist wie ein Samenkorn, das einmal vergeht. Wenn er aber auferstehen wird, ist er unvergänglich. Was begraben wird, ist unansehnlich und schwach, was aufersteht, ist herrlich und voller Kraft. **Begraben wird unser irdischer Körper; aber auferstehen werden wir mit einem Körper, der von unvergänglichem Leben erfüllt ist. Denn wie es einen sterblichen Körper gibt, so gibt es auch einen unsterblichen.***

Die Bibel sagt, dass der Mensch nach dem Bilde Gottes geschaffen ist und eine Seele hat. In über zweihundert Bibelstellen wird der Begriff „Seele" verwendet. Die Begriffe „Seele" und „Geist" grenzen den ewigen, spirituellen Teil des Menschen vom endlichen, materiellen Körper ab. Während Seele im eigentlichen Wortsinn eher den emotionalen, liebenden Teil meint und Geist eher den spirituellen, bewussten Teil, werden die Begriffe in diesem Buch nicht weiter differenziert und einheitlich von Seele geschrieben.

In Lukas 23,46 (LUT) befiehlt Jesus seinen Geist in seines Vaters Hände. Dieses Gebet unmittelbar vor seinem Tod ergibt ganz besonders dann Sinn, wenn Jesus von einer Existenz eines durch die Kreuzigung unzerstörbaren Geistes und eines zerstörbaren Körpers ausging: *Und Jesus rief laut: Vater, ich befehle meinen Geist in deine Hände! Und als er das gesagt hatte, verschied er.*

Oft ist von Herz und Seele die Rede, um die Dualität von Körper (Herz) und Geist (Seele) zu betonen. Die Seele ist das Primäre, z. B. wird bei der Zählung der Nachkommen in der Bibel das Wort Seelen benutzt. Dass die Seele das Wichtigere ist und auch über den Tod hinaus Bestand haben wird, wird ganz besonders in den beiden folgenden Bibelstellen deutlich.

Matthäus 10,28 (EÜ) zeigt, dass der Mensch einen Körper und eine Seele hat. Während der Leib von vielen getötet werden kann, besteht die eigene Seele in Ewigkeit: *Fürchtet euch nicht vor denen, die den Leib töten, die Seele aber nicht töten können, sondern fürchtet euch vor dem, der Seele und Leib ins Verderben der Hölle stürzen kann.*

Mit dem Tod verlässt unsere Seele unseren Körper und hat die Möglichkeit, zu Gott zurückzukehren. Dies geschieht sogleich und nicht erst an einem fernen Tag, denn Jesus sagt zu dem Übeltäter neben ihm am Kreuz, der sich an ihn wendet: *Heute* (und nicht irgendwann) wirst Du mit mir im Paradies sein; vgl. Lukas 23,39–43 (LUT): *Aber einer der Übeltäter, die am Kreuz hingen, lästerte ihn und sprach: Bist du nicht der Christus? Hilf dir selbst und uns! Da wies ihn der andere zurecht und sprach: Und du fürchtest dich auch nicht vor Gott, der du doch in gleicher Verdammnis bist? Wir sind es zwar mit Recht, denn wir empfangen, was unsre*

Taten verdienen; dieser aber hat nichts Unrechtes getan. Und er sprach: Jesus, gedenke an mich, wenn du in dein Reich kommst! Und Jesus sprach zu ihm: Wahrlich, ich sage dir: Heute wirst du mit mir im Paradies sein.

Auch in den Nahtodberichten löst sich die Seele sofort vom Körper und verfällt nicht in eine „Starre" bis zu einem Jüngsten Tag. Wohin sie dann allerdings reist oder wo sie verweilt, hängt von den Umständen ab, die später erörtert werden sollen.

Paulus vergleicht unseren Körper mit einem Zelt und spricht in 2 Korinther 5,1–7 (HFA) davon, dass unsere Seele bei Gott zu Hause ist: *Das wissen wir: Wenn unser Leib einmal zerfällt wie ein Zelt, das abgebrochen wird, erhalten wir einen neuen Leib, eine Behausung, die nicht von Menschen errichtet ist. Gott hält sie im Himmel für uns bereit, und sie wird ewig bleiben. Voll Verlangen sehnen wir uns danach, den neuen Leib anzuziehen wie ein Kleid, damit wir nicht nackt, sondern bekleidet sind, wenn wir unseren irdischen Körper ablegen müssen. … Wir wünschen uns nicht etwa den Tod herbei, sondern wir möchten den neuen Leib überziehen, damit alles Vergängliche vom Leben überwunden wird. Darauf hat uns Gott vorbereitet, indem er uns als sicheres Pfand dafür schon jetzt seinen Geist gegeben hat. Deshalb sind wir jederzeit zuversichtlich, auch wenn wir in unserem irdischen Leib noch nicht bei Gott zu Hause sind. Jetzt glauben wir an ihn, auch wenn wir ihn noch nicht sehen können.*

Dass unser ewiges Leben unserer Seele gehört, und nicht dem irdischen Leib, der sterben muss und ins Grab gelegt wird, formuliert Paulus in 1 Korinther 15,35–36 (EÜ) so: *Nun könnte einer fragen: Wie werden die Toten auferweckt, was für einen Leib werden sie haben? Was für eine törichte Frage! Auch das, was du säst, wird nicht lebendig, wenn es nicht stirbt;* und weiter in 1 Korinther 15,50 (EÜ): *Damit will ich sagen, Brüder: Fleisch und Blut können das Reich Gottes nicht erben; das Vergängliche erbt nicht das Unvergängliche.*

Wenn in der Bibel von „Entrückung" berichtet wird, so ist diese zeitweilige Loslösung der Seele vom Körper erstaunlich ähnlich zu Nahtodberichten, aber auch aus dem indianischen Schamanentum und aus anderen Religionen bekannt. Dass ein Mensch in den Himmel entrückt werden kann, berichtet Paulus. Auch hier fügen sich Nahtodberichte und das Wissen der Bibel zu einem stimmigen Bild. Dabei herrschen unter Theologen unterschiedliche Ansichten, ob Paulus tatsächlich von einer dritten Person oder von sich selbst spricht, wenn er in 2 Korinther 12,2–4 (EÜ) sagt: *Ich kenne jemanden, einen Diener Christi, der vor vierzehn Jahren bis in den dritten Himmel entrückt wurde; ich weiß allerdings nicht, ob es mit dem Leib oder ohne den Leib geschah, nur Gott weiß es. Und ich weiß, dass dieser Mensch in das Paradies entrückt wurde; ob es mit dem Leib oder ohne den Leib geschah, weiß ich nicht, nur Gott weiß es. Er hörte unsagbare Worte, die ein Mensch nicht aussprechen kann.*

Schließlich berichtet Jesus in Lukas 20,34–38 (EÜ), dass die Seelen nach dem Tod den Engeln vergleichbar und personale Wesen sind: *Da sagte Jesus zu ihnen: Nur in dieser Welt heiraten die Menschen. Die aber, die Gott für würdig hält, an jener Welt und an der Auferstehung von den Toten teilzuhaben, werden dann nicht mehr heiraten. Sie können auch nicht mehr sterben, weil sie den Engeln gleich und durch die Auferstehung zu Söhnen Gottes geworden sind. Dass aber die Toten auferstehen, hat schon Mose in der Geschichte vom Dornbusch angedeutet, in der er den Herrn den Gott Abrahams, den Gott Isaaks und den Gott Jakobs nennt. Er ist doch kein Gott von Toten, sondern von Lebenden; denn für ihn sind alle lebendig.*

5. Der Himmel

Das Erleben in den Nahtodberichten gibt eine Ahnung davon, wie es nach dem Tod weitergeht. Es ist das Erleben vor einer Grenze, ein Einblick in das Künftige, aber nicht das Künftige selbst. Dieser Einblick deutet himmlische und nicht-himmlische Bereiche an. Weil viele Nahtod-Erlebende eine Grenze wahrnehmen, deren Überschreiten endgültig und unumkehrbar wäre, lässt sich vermuten, dass der wirkliche Himmel noch nicht geschaut wurde. Trotzdem finden sich in Nahtodberichten auch viele biblische Attribute für den Himmel wieder.

Wenn im Folgenden von Himmel gesprochen wird, ist von einem Teil der derzeitigen geistigen Welt die Rede. Dort gibt es nach biblischem Zeugnis und gemäß der Nahtodberichte eine Fortexistenz der Seele. Gott stellt darüber hinaus in der Bibel in Aussicht, einen neuen Himmel und eine neue Erde zu schaffen (Jesaja 65,17; 2 Petrus 3,13; Offenbarung 3,12). In Offenbarung 21,1 (EÜ) heißt es: *Dann sah ich einen neuen Himmel und eine neue Erde; denn der erste Himmel und die erste Erde sind vergangen, auch das Meer ist nicht mehr.* In jener neugeschöpften materiellen Welt werden wir gemäß biblischer Verheißung nicht nur geistig, sondern auch körperlich auferstehen. Die folgende Skizze illustriert den Sachverhalt.

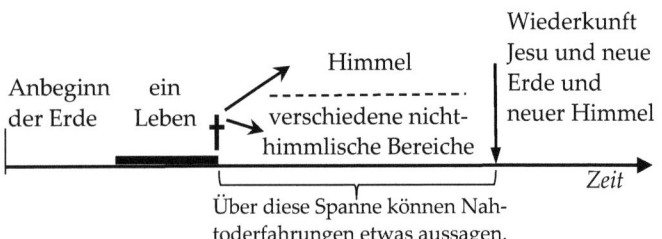

Über diese Spanne können Nahtoderfahrungen etwas aussagen.

Wie fühlt sich der Himmel an?

Himmel ist real, auch wenn er sich verschiedenen Menschen unterschiedlich gezeigt hat. Dies ist etwa vergleichbar mit Reiseberichten aus den verschiedenen Teilen der Erde: sie könnten unterschiedlicher nicht sein, und doch beschreiben sie eine große Welt. Aber eines eint alle Berichte: nicht das „Wie sieht er aus?", sondern vielmehr das „Wie fühlt sich der Himmel an?". Darin ähneln sich alle mir bekannten positiven Nahtodberichte.

Dass lebende Menschen den Himmel schauen können, ist auch der Bibel nicht fremd. In Apostelgeschichte 7,54–56, in 2 Korinther 12,1–4 und in 1 Mose 28,10–12 wird davon ebenfalls berichtet. Dass die Seelen von Menschen jetzt im Himmel leben (und nicht erst in Zukunft in einem neuen Himmel), berichtet z. B. die Begegnung der lebenden Menschen Petrus, Jakobus und Johannes mit den bereits lange zuvor verstorbenen Mose und Elija in Matthäus 17,1–3 (EÜ): *Sechs Tage danach nahm Jesus Petrus, Jakobus und dessen Bruder Johannes beiseite und führte sie auf einen hohen Berg. Und er wurde vor ihren Augen verwandelt; sein Gesicht leuchtete wie die Sonne und seine Kleider wurden blendend weiß wie das Licht. Da erschienen plötzlich vor ihren Augen Mose und Elija und redeten mit Jesus.*

Die meisten Nahtoderlebnisse sind positiv und mit sehr guten Gefühlen verbunden. Die Erlebenden schildern ihre Gefühle im Himmel als unbeschreiblich schön; sie fühlen sich geliebt, geborgen, angenommen und angekommen. Von diesem umhüllenden und zeitlosen Glücksgefühl im Himmel erzählt Nada Eberhart so: *Ich habe mich einfach sicher umhüllt gefühlt von dem Licht. Es war so ein Gefühl: Mir kann nichts passieren. Ich bin aufgehoben, mir geht es wunderbar. … Glück ist dann gar kein angemessener Begriff mehr. Du weißt in dem Moment einfach: Du bist selig auf ewig. Dir kann gar nichts passieren. Du kannst gar nicht sterben. Den Tod gibt es überhaupt nicht.*[89]

In vielen Stellen der Bibel über den Himmel wird deutlich: Himmel heißt, in der Gegenwart und im Reich Gottes zu sein, ihn von Angesicht zu Angesicht sehen zu können. In dieser Aussage ist wohl alles enthalten: das Geborgensein, der Schutz und die Liebe Gottes.

Weitere Attribute, die neben unbegreiflicher Schönheit mit dem Himmel verbunden werden, sind Liebe und Akzeptanz, Geborgenheit in der Schöpfung, Quelle oder Gebiet der Wiederherstellung von eigener Ganzheit und Unversehrtheit, Ort der Heimkehr und der Verbundenheit mit allen anderen. Dies wird auch in den folgenden Berichten deutlich. So begegnete Günter Düthorn im Himmel einer großen, weißen, Güte ausstrahlenden Gestalt, die ihn bedingungslos liebt: *In meinem Innern war ich gewiss, das muss der Christus sein, obwohl ich nicht zu fragen wagte. Er strahlte so viel Liebe und Zuwendung aus, dass ich vor Glück und Wohlbefinden glaubte, bersten zu müssen… Diese Bestätigung, die mir übermittelt wurde, dass ich um meiner selbst willen angenommen und geliebt bin, sprengte alle Fesseln meiner Selbstzweifel. Diese Mitteilung hat ein Glücksgefühl ausgelöst, das mich vor Glückseligkeit fast zerrissen hätte… Das Wesentliche an der Erfahrung war, dass ich als Mensch in meinem Sein geliebt und angenommen bin. … Nach dieser Erfahrung bin ich als Jugendlicher vor achthundert Leuten aufgetreten und habe erzählt, was ich mit Christus erlebt habe.*[90]

Dieses Angenommensein hat Jesus zu seinen Lebzeiten hier auf der Erde ebenso vermittelt: er hat auch die Sünder als Person nicht verurteilt, sondern gegen die moralischen Vorwürfe der Menschen in Schutz genommen, wie den Zachäus in Lukas 19 oder die Ehebrecherin in Johannes 8.

Weiter wird einem im Himmel alles offenbar, wie im folgenden Bericht zu lesen ist: *Meine Umgebung und ich, wir*

waren eins: verschmolzen zu purer Harmonie und Glückselig-
keit. Ich war allwissend und kannte die Pläne, die das Univer-
sum ausmachen. Ich konnte Probleme und Fragen in ihre
kleinsten Bestandteile zerlegen und aus ihnen die Antworten
formen, die nie ein Lebender finden und erst recht nicht verste-
hen könnte. Dieser Zustand machte mich unendlich glücklich.[91]
Auch diese Aussage aus Nahtodberichten steht in Übereinstimmung mit der Bibel. In ihr wird zu diesem Thema
in 1 Korinther 13,12 (HFA) bemerkt: *Jetzt sehen wir nur ein*
undeutliches Bild wie in einem trüben Spiegel. Einmal aber
werden wir Gott von Angesicht zu Angesicht sehen. Jetzt er-
kenne ich nur Bruchstücke, doch einmal werde ich alles klar er-
kennen, so deutlich, wie Gott mich jetzt schon kennt.
Im Himmel werden wir erkennen, nicht durch den
Schleier dieser Welt, sondern in aller Klarheit und Direktheit, alles wird begreiflich. Auch in vielen Nahtodberichten wird die Klarheit und Direktheit und das sich nicht
Verstecken-Können des Erlebenden im Himmel geschildert. Vielmehr noch: Gedanken sind sofort Worte und für
andere hörbar. Im Himmel der Nahtodberichte gibt es
auch keine Stände, Rassen oder Klassen. Niemand kann
sich über einen anderen erheben. Einzig die Liebe zum
Nächsten und zu Gott ist der Maßstab im Himmel. Ein
Berichtender fasst dieses Gefühl zusammen: *Alles ist rich-*
tig. Nichts ist falsch hier. Das ist Frieden. In dieser Landschaft
ist alles lebendig.[92]
Zusammenfassend lässt sich sagen, dass der Himmel mit
einem zeitlosen Gefühl, geliebt zu werden, zu Hause angekommen und angenommen zu sein und des mit großer
Klarheit Verstehen-Könnens beschrieben wird.

Wie sieht der Himmel aus?

Die vielen Nahtodberichte zeichnen kein einheitliches Bild vom Himmel. Es scheint, dass es verschiedene Sphären des Himmels geben könnte und der eigene Seelenzustand Einfluss darauf hat, in welcher Sphäre des Himmels sich das Leben nach dem Tod fortsetzt. In 2 Korinther 12,2–4 berichtet Paulus von einer Entrückung in den *dritten* Himmel, und die in verschiedenen Kulturen und Religionen übliche Einteilung in sieben Sphären ist noch heute sprichwörtlich. „Im siebenten Himmel sein" bedeutet, die höchste Sphäre erreicht zu haben.

In sehr vielen Nahtodberichten werden himmlische Landschaften und Gärten in strahlenden Farben beschrieben. Auch hier sind häufig die biblischen Attribute „klar", „leuchtend", „strahlend" wiederzufinden.

Der Begriff Garten kommt im Zusammenhang mit der Paradiesvorstellung auch in der Alltagssprache vor, z. B. im „Garten Eden", und das arabische Wort für das Paradies ist „Janna", der Garten. Solch ein Garten wird wie folgt geschildert: *Ich war in einem Garten. Vor mir stand ein dreistufiger Brunnen. Das Wasser in dem Brunnen schien zu singen. In dem Rondell um den Brunnen herum waren Blumen in den schönsten Farben, die ich je gesehen habe... Ich spürte totalen Frieden, totale Glückseligkeit, totale Harmonie und unvorstellbare Ekstase.*[93]

Gesehenes und Gehörtes bilden eine Harmonie: das Wasser im Brunnen schien zu singen. Farben können in den Berichten auch mit Vibrationen verglichen werden, wie im nächsten Erlebnis von Yolande Eck: *Ich kam in einen Garten, der in wunderschönen Farben schillerte. Er war pastellfarbig ... Ich befand mich in einer Welt von Farbe, die im Grunde Vibrationen waren... Da der Garten lichterfüllt war, suchte ich nach einer Sonne oder einer anderen Lichtquelle, aber wohin ich auch schaute, stand ich im Licht selbst.*[94]

Die Landschaft im Himmel ist keine Kulisse, sondern sie wird häufig als lebendig bzw. belebt und freundlich beschrieben: *Die Landschaft war mit Gras bedeckt; so lebendig und grün leuchtend, dass man es nicht beschreiben kann.*[95]

In weiteren Berichten werden wunderschöne Blumen und Pflanzen im Himmel bezeugt: *Was ich zu sehen bekam, war unsagbar schön: Ich sah eine wunderschöne Landschaft voller Blumen und Pflanzen, die ich nicht näher benennen könnte. Alles schien hunderte von Kilometern entfernt, und doch konnte ich alles bis ins kleinste Detail erkennen, sogar ohne Brille, obwohl ich im normalen Leben schlecht sehe. Es war außergewöhnlich schön.*[96]

Die Attribute hell und lichtdurchflutet kommen in vielen Schilderungen vor. Auch H. Scholz berichtet von einer strahlenden, lichtdurchfluteten Landschaft: *Irgendwann war ich auf einer wunderschönen Wiese. Dort hat alles gelebt: das Gras, die Blumen und die Berge. Mir kommen gleich wieder die Tränen, wenn ich daran denke. Ich habe diese Berge gesehen und bin sofort in eine Richtung über diese Wiese gezogen worden… Während des Laufens dachte ich noch, ich knicke ja die Blumen gar nicht um… Alles war in einem wunderschönen, glänzenden Licht, nicht strahlend, glänzend. Es war ein Licht, das überall durchdrang und überall leuchtete: also aus dem Boden raus und von den Bergen. Es leuchtete eigentlich überall.*[97]

Neben der überwältigenden Schönheit und des im Himmel empfundenen Friedens wird auch von Begegnungen mit himmlischen Wesen oder Engeln berichtet. Diese finden sich in vielen Kapiteln dieses Buches und sollen an dieser Stelle nicht noch einmal gesondert aufgeführt werden.

Jesus im Himmel

Nicht nur im Bereich des Himmels, aber vor allem dort, wird in manchen Berichten auch von Begegnungen mit Jesus und mit Gott erzählt. Sie werden häufig als Lichtwesen beschrieben, als leuchtend oder in leuchtenden Kleidern. Eine sehr typische Beschreibung solcher Begegnungen ist die folgende: *Ich ging auf diese Präsenz zu. Sie befand sich in einem strahlend hell wie von Sonnenschein erleuchteten Bereich. Die Präsenz bestand durch und durch aus unglaublichem Frieden, Liebe, Akzeptanz, Ruhe und Freude. Die Präsenz hüllte mich ein, und meine Freude war unbeschreiblich. Ich habe diese Präsenz nicht als Gott erlebt (für so eine Vorstellung war ich noch zu jung), aber ich habe sie als das erlebt, was mich erschaffen hat. Ich wusste ohne den geringsten Zweifel, dass ich ein erschaffenes Geschöpf bin, ein Wesen, das seine Existenz dieser Präsenz verdankt.*[98]

Es gibt auch in der Bibel verschiedene Stellen, welche Jesus als in Licht gekleidet oder von Licht umstrahlt darstellen. Die Begegnung mit diesem Lichtwesen ist so intensiv und überwältigend, dass in den Berichten auch vom Wunsch berichtet wird, dieses Lichtwesen anzubeten: *Ich fand mich selbst mit dem Gesicht zum Boden in Anbetung vor diesem Lichtwesen wieder. Ich fühlte Wärme, und die intensivste Liebe füllte mich aus. Eine Energie durchdrang jede Faser meiner selbst. Ich hatte vorher noch nie solch vollständige und absolute Liebe gespürt. Es war eine bedingungslose Liebe...*[99]

Übereinstimmend mit diesen Berichten spricht auch die Bibel davon, dass sich alle Knie beugen werden, so in z. B. in Römer 14,11 und in Psalm 22,28–30 (HFA): *Auch in den fernsten Ländern werden Menschen Gott erkennen und zu ihm umkehren, ja, alle Völker werden sich vor ihm niederwerfen. Denn der Herr regiert als König und herrscht über alle Völker. Auch die Großen dieser Erde müssen sich niederwerfen vor ihm, sie, die immer mehr als genug zu essen hatten. Vor ihm werden alle sterblichen Menschen ihre Knie beugen*; sowie in Philipper 2,10 (LUT): *Darum hat ihn auch Gott erhöht und hat ihm den Namen gegeben, der über alle Namen ist, dass in dem Namen Jesu sich beugen sollen aller derer Knie, die im Himmel und auf Erden und unter der Erde sind, und alle Zungen bekennen sollen, dass Jesus Christus der Herr ist, zur Ehre Gottes, des Vaters.*

Sich ähnelnde Beschreibungen des Himmels finden sich in Nahtodberichten aus verschiedenen Kulturen, so auch im Bericht des Iraners Amir Nazeri. Dort wird das Lichtwesen jedoch nicht als Jesus identifiziert: *Die Landschaften, die ich dort gesehen habe, gibt es hier nicht, auch nicht die wunderschönen Wasserquellen. Ich merkte, dass jemand mir diese Landschaften zeigen wollte und mich führte. Da war jemand, der mich begleitete. Dieser war wie Licht, er hatte jedoch keinen physischen Körper wie wir.*[100]

Die Kommunikation mit dem Lichtwesen als auch mit verstorbenen Verwandten oder Engeln erfolgt im Himmel über Gedankenaustausch. In fast allen Berichten wird die bedingungslose und grenzenlose Liebe hervorgehoben, die von Jesus in den Begegnungen ausgeht und die jeder in seiner Nähe empfinden kann. Ein solcher Bericht schildert z. B.: *Dann sah ich Jesus. Ich sah sein Licht. Jesu Licht war das reinste, was ich je gesehen habe. Worte waren nicht nötig. Es gab nur das Gefühl der Liebe, das ich nicht beschreiben kann.*[101]

Ein weiterer Bericht lässt ahnen, dass Jesus einen genau kennt und seine Liebe nicht nur ein ungerichtetes Gefühl ist, sondern Jesus einen selbst genau meint: *Er ist heller als die hellste Sonne. Aber wir können ihn ansehen. Und das erste, was man spürt, ist die Liebe, die er für einen empfindet. Es war, als würde er nur mich allein lieben.*[102]

Gott begegnet uns mit offenen Armen, so wie der Vater im Gleichnis vom verlorenen Sohn (siehe S. 133) oder auch in folgendem Bericht zu lesen ist: *Aus der Menge heraus kam Jesus Christus mit offenen Armen auf mich zu. Es war eine Umarmung, die jeder Seele guten Willens zeigt, du bist mein geliebtes Kind, komm ruh dich bei mir aus.*[103]

In der Bibel finden sich viele Stellen, in denen Gott oder Jesus mit „Licht" in Verbindung gebracht werden. Neben Stellen mit auch symbolischer Bedeutung wie Johannes 8,12 (LUT): *Da redete Jesus abermals zu ihnen und sprach: Ich bin das Licht der Welt. Wer mir nachfolgt, der wird nicht wandeln in der Finsternis, sondern wird das Licht des Lebens haben,* finden sich zusätzlich etliche Stellen, die andeuten, dass Gott bzw. Jesus in ein Lichtgewand gehüllt sind oder von Licht umstrahlt werden, wie:

Hiob 36,30 (HFA): *Sieh nur, wie Gott Licht um sich verbreitet, die Meerestiefen aber verbirgt er.*

Psalm 104,2 (ELB): *Du, der in Licht sich hüllt wie in ein Gewand, der den Himmel ausspannt gleich einer Zeltdecke, …*

1 Timotheus 6,16 (LUT): *Der König aller Könige und Herr aller Herren, der allein Unsterblichkeit hat, der da wohnt in einem Licht, zu dem niemand kommen kann, den kein Mensch gesehen hat noch sehen kann.*

Die auf Seite 53 bereits zitierte Bibelstelle Matthäus 17,2 sei hier noch einmal in der Elberfelder Übersetzung aufgeführt (ELB): *Und er wurde vor ihnen umgestaltet. Und sein Angesicht leuchtete wie die Sonne, seine Kleider aber wurden weiß wie das Licht.*

Andere Nahtoderfahrungen berichten von Jesus und Gott als Person ohne einen Hinweis auf das Licht, wie z. B. die Erfahrung der siebenjährigen Katie. Sie hatte in ihrer Familie nichts von Schutzengeln oder einer Fortexistenz nach dem Tod gehört. Trotzdem berichtete sie, nachdem sie fast ertrunken wäre, davon, dass sie nicht nur ihren verstorbenen Großvater, sondern auch Jesus und den himmlischen Vater getroffen habe.[104]

In einigen Nahtodberichten ging Heilung von Jesus oder dem Licht aus. Diese Berichte sind medizinisch nachprüfbar, wie z. B. folgender: *Mein Körper war todkrank. ... Die Zellen meines Körpers waren entartet und produzierten nur noch Chaos. Krebszellen überschwemmten im Eiltempo meinen Leib, und genau in diesem Moment begegnete ich dem Licht. ... Es entstand eine Kraft, eine tiefe innere Gewissheit, eine unabdingbare Liebe in mir, ich würde sagen, ich bin eine Verbindung mit dem Göttlichen eingegangen, die eine Transformation in Richtung Gesundheit ankurbelte.*[105]

Ganz ähnlich wird in Lukas 6,19 (EÜ) davon berichtet, dass von Jesus eine heilende Kraft ausging: *Alle Leute versuchten, ihn zu berühren,* **denn es ging eine Kraft von ihm aus, die alle heilte.**

Zusammenfassend lässt sich sagen, dass es Nahtodberichte gibt, welche in Übereinstimmung mit den biblischen Aussagen bestätigen, dass Gott und Jesus existieren, dass sie eine Persönlichkeit haben, aber gleichzeitig auch als Licht erscheinen können, und dass Jesus heilen kann. Verschiedene Berichte machen deutlich, dass Gott die Liebe ist und jeden ganz genau kennt und (trotzdem) liebt. Erlebende erkennen die Wahrheit in Klarheit, und sie erkennen in ihrer Begegnung mit Gott diesen als Schöpfer an.

6. Nichthimmlische Bereiche

Verschiedene Gesichter der „Hölle"

Die meisten Nahtodberichte haben positive Inhalte und verändern fast immer die erfahrenden Menschen positiv. Intensive Gefühle des Friedens, der Freude und des uneingeschränkten Angenommenseins durch ein bedingungslos liebendes Lichtwesen werden in Nahtodberichten auf der ganzen Welt erlebt.

Neben diesen positiven himmlischen Berichten gibt es aber auch Nahtoderlebnisse mit gegenteiligen Empfindungen, wie starker Angst, Isolation, Verwirrung und teilweise sogar des Gequält-Werdens. Nach wissenschaftlichen Studien liegt der Anteil der Nahtoderfahrenen mit negativen Empfindungen oder verstörendem, furchterregendem bzw. verzweifeltem Charakter zwischen etwa neun[106] und 23 Prozent[107].

Knoblauch ermittelt in einer weiteren Auswertung[108] deutlich höhere Prozentsätze negativer Gefühle bei transzendenten Erfahrungen. Unter diesen transzendenten Erfahrungen sind neben Nahtoderfahrungen auch Visionen, *Nach*toderfahrungen, Todesnäheerfahrungen und andere. Einige dieser negativen Gefühle wiederum sind auch „Höllenerfahrungen". Folglich stehen die in jener Studie ermittelten hohen Prozentsätze nicht für die Häufigkeit des Auftretens von Höllenerfahrungen bei Nahtoderlebnissen, sondern schließen ein viel breiteres Spektrum ein. Interessant ist dabei ein statistisch signifikanter Unterschied zwischen Ost- und Westdeutschland: Während Ostdeutsche gemäß dieser Studie in 60 Prozent der transzendenten Erfahrungen ein begleitendes „schreckliches Gefühl" erlebten, tun dies Westdeutsche nur in 29 Prozent der Fälle.

Wegen der eher geringen Zahl an negativen Erlebnissen wird in Büchern über Nahtoderlebnisse häufig diese Schattenseite ausgeblendet und allein auf die positiven Erfahrungen abgehoben.

Allerdings ist es auch so, dass sich nur etwa jeder Fünfte bis jeder Zehnte der Wiederbelebten überhaupt an Erfahrungen während seines klinischen Todes erinnern kann. Es ist zugegeben Spekulation: Aber wenn das spätere mangelnde Erinnerungsvermögen eine Art von Verdrängungsmechanismus für furchtbare und traumatische Nahtoderlebnisse wäre, dann wären statt der 9 % bis 23 % erinnerten Negativerlebnisse (der klaren Minderheit) durch Einbeziehen der sich nicht-erinnernden Erlebenden zwischen ca. 81 % und 91 % sowohl erinnerte als auch traumatisch verdrängte negative Erfahrungen theoretisch möglich.

Die negativen Erlebnisse werden zumeist in höllenartigen Bereichen erfahren. Hier finden sich die Erlebenden unvermittelt oder durch Fallen wieder. Aus diesem Fallen rührt möglicherweise die Vorstellung einer Hölle unter der Erde in den Mythen und Geschichten. Auch gibt es Berichte, in denen Seelen vom Dunkel angezogen werden. Mir ist jedoch kein einziger Nahtodbericht bekannt, in dem das Lichtwesen oder Gott oder Jesus einen Menschen in die Hölle verstößt. Dies bedeutet nicht, dass dies absolut ausgeschlossen wäre, sondern nur, dass eine solche Vorstellung nicht aus bekannten Nahtodberichten abgeleitet werden kann. Dagegen gibt es viele Berichte, nach denen Jesus die Menschen uneingeschränkt liebt und sie aus der Hölle rettet. Obwohl weder Gott noch Jesus in die Hölle schicken, ist die Hölle der Nahtodberichte dennoch nicht leer.

Während himmlische Attribute in den Berichten Geliebtwerden, Angenommensein und Zu-Hause-Sein sind, werden mit den Höllenerlebnissen die Attribute Einsamkeit, Isolation, Trennung von der Liebe, Verzweiflung und Qualen verbunden.

Sowohl in der Bibel als auch in Nahtodberichten gibt es unterschiedliche Beschreibungen dessen, was Menschen in der Hölle erleben. Anders als in den positiven Berichten, die sich vom Aufbau und den Elementen sehr ähneln, gibt es bei negativen Nahtod-Berichten deutlich vielfältigere Erlebnisinhalte. Es scheint fast so, als seien die Menschen für ihre persönliche Hölle durch die Prägung ihrer Seele und durch ihre Gedanken mitverantwortlich. In der Fachwelt wird teilweise der Begriff „Ideoplastik"[109] in diesem Zusammenhang gebraucht, was bedeutet, dass sich aus einer subjektiven Vorstellung eine objektiv empfundene Welt konkret ausprägt. Dies meint nicht, dass die Hölle allein ein erwartungsgemäßes Gedankenkonstrukt ist, sondern dass sich konkrete Ängste oder Sorgen für den Einzelnen unterschiedlich manifestieren können. Für denjenigen, der die Hölle erlebt, ist es dabei egal, ob sie real ist, ob sie auch von anderen genauso erlebt wird oder ob sie durch seine Fantasie geprägt ist – er erleidet in allen der genannten möglichen Erklärungen subjektiv die Hölle.

In seinem Buch „Die große Scheidung" schreibt C. S. Lewis: *Hölle ist ein Gemütszustand. … Und jeder Gemütszustand, jedes sich Verschließen des Geschöpfes in dem Verließ des eigenen Gemüts ist am Ende Hölle. Aber der Himmel ist kein Gemütszustand. Himmel ist Wirklichkeit selbst.*[110] Diese Sichtweise würde die hohe Übereinstimmung der Schilderungen des Himmels und die große Breite unterschiedlicher Berichte von nicht-himmlischen Bereichen erklären.

Biblisch gesehen sind das Totenreich und die Hölle fest im jüdischen und christlichen Glauben verankert. Vor der „Hölle" im Neuen Testament war im Alten Testament die

Rede vom „Scheol". Während „Hölle" etwas eindeutig Negatives meint, wurde „Scheol" sowohl als negativer, aber auch als neutraler Ort der Toten gebraucht.

Mit „Hölle" werden in der Bibel sowohl Orte der Qual als auch der Leere bezeichnet. Zudem wird in der Bibel der Begriff „äußere Finsternis" verwendet. Die Vulgata-Bibel unterscheidet drei Wörter für Orte des Nicht-Himmels, die in der deutschen Übersetzung alle mit Hölle übersetzt wurden.

Die Gehenna wurde sprachlich abgeleitet vom „Ge-Hinnom", dem Hinnom-Tal. Dieses wird in Josua 15,8 als tiefe, schmale Schlucht am Fuße der Mauern Jerusalems beschrieben. Sie liegt im Süden der Jerusalemer Altstadt. Hier wurden dem Moloch Kinderopfer dargebracht. In Jeremia 7,31–32, Jeremia 19,6 und Jeremia 32,35 wird vorausgesagt, dass aus diesem Grund Gehinnom dereinst „Mordtal" genannt werden wird. Die Gehenna bezeichnet im Neuen Testament das, was wir als „Schwefel-und-Feuer-Hölle" kennen.

Der Hades wird im Neuen Testament zumeist im Sinne eines neutralen Totenreiches gebraucht, am ehesten vergleichbar mit dem Scheol.

Der Begriff **Tartarus** kommt im Neuen Testament nur ein einziges Mal vor, in 2 Petrus 2,4 (EÜ): *Denn Gott hat selbst die Engel, die gesündigt haben, nicht verschont, sondern sie mit Ketten der Finsternis in die Hölle gestoßen.* Es handelt sich also um einen Ort, an dem sündige Geistwesen herrschen. Darüber hinaus gibt es in der Bibel nicht nur Ortsbezeichnungen, sondern auch symbolische Andeutungen einer Höllenstrafe, wie „ewiges Feuer" in Judas 7,7 (EÜ): *Auch Sodom und Gomorra und ihre Nachbarstädte sind ein Beispiel: In ähnlicher Weise wie jene trieben sie Unzucht und wollten mit Wesen anderer Art verkehren; daher werden sie mit ewigem Feuer bestraft.*

Die Nahtodforscher unterscheiden wie auch die Bibel verschiedene Arten einer Höllenerfahrung. In diesem Kapitel sollen die nicht-himmlischen Bereiche wie folgt strukturiert werden:

- ein **erdgebundener Bereich**, wo Seelen an ihre irdischen Süchte und Sünden gebunden sind und keinen Weg in den Himmel oder zu Gott finden, weil sie an ihre irdischen Begierden gebunden bleiben oder weil sie versuchen, sich für ihre Taten zu entschuldigen (es gibt eine inhaltliche Nähe zu biblischen Schilderungen von bösen Geistern und Dämonen, die Menschen auf der Erde befallen können),

- die **Leere**, in der außer einem Gefühl der Verzweiflung, Perspektivlosigkeit, Einsamkeit und Verlassenheit keine weitere Handlung stattfindet (vergleichbar dem biblischen Begriff „tenebras exteriores" = **äußere Finsternis**, in der verzweifeltes Zähneknirschen sein wird),

- den **Bereich der quälenden Wesen**, in dem wütende Geister untereinander und mit den „Neuankömmlingen" kämpfen, jene und sich gegenseitig beschimpfen und sich verletzen und quälen,

- eine **archetypische Hölle** mit Feuer oder Feuersee und Schwefel, mit großer Hitze und finsteren Kreaturen, Schleim und Schlangen, wie sie aus der Bildenden Kunst und Literatur bekannt sind (inhaltliche Nähe zum biblischen Begriff der **Gehenna**),

- ein **neutraler Ort** bzw. eine Art ruhige Wartezone, in der Seelen zwar nicht an irdische Begierden gebunden sind und keinen wütenden Kampf austragen, aber auch nicht zu Gott oder in den Himmel finden, weil sie die Existenz Gottes nicht in Erwägung ziehen oder diesen ablehnen oder aus religiöser Überzeugung auf den Tag des Jüngsten Gerichts warten und so ihre eigene leere Realität schaffen (vergleichbar am ehesten mit dem **Scheol** im Alten Testament oder dem **Hades** in der griechischen Übersetzung des Neuen Testaments).

Ein neutraler Ort

Den Nahtodberichten mit einem neutralen Aufenthaltsort für die Seelen steht die biblische Schilderung vom Scheol bzw. Hades gegenüber. Während die Elberfelder Übersetzung das hebräische Wort Scheol gebraucht, verwendet Luther das Wort „Totenreich", die Hoffnung-Für-Alle-Übersetzung den Begriff „Ort der Toten" und die Einheitsübersetzung den Begriff „Unterwelt". Weil aber Begriffe wie „Unterwelt" mit bestimmten Eigenschaften gedanklich verbunden werden, wird hier die Bibel nach der Elberfelder Übersetzung zitiert.

In den folgenden Bibelstellen ist der Scheol ein endgültiger, aber neutraler Ort für Gute und Schlechte; so in Hiob 7,9 (ELB): *Die Wolke schwindet und vergeht; so steigt, wer in den Scheol hinabfährt, nicht wieder herauf*; in Hesekiel 32,27 (ELB): *Und sie liegen nicht bei den Helden, die in der Vorzeit gefallen sind, die in den Scheol hinabfuhren mit ihren Kriegswaffen;* und in Hiob 21,13 (ELB): *Im Glück genießen sie ihre Tage, und in Ruhe sinken sie in den Scheol hinab.*

Aber auch als eindeutig negativer Ort für die Sünder und als Gegenstück zum Himmel wurde der Scheol bezeichnet, z. B. in Hiob 24,19 (ELB): *Dürre und Hitze raffen Schneewasser weg; so der Scheol alle, die gesündigt haben*; in Psalm 16,10 (ELB): *Denn meine Seele wirst du dem Scheol nicht lassen, wirst nicht zugeben, dass dein Frommer die Grube sehe*; und in Sprüche 15,24 (ELB): *Der Weg des Lebens geht für den Einsichtigen nach oben, damit er dem Scheol unten entgeht.*

Der Glaube, dass Gott auch den sündigen Menschen vor dem Scheol retten kann, war bereits im Alten Testament verankert. Der Scheol bedeutet folglich kein endgültiges Schicksal. So steht in Psalm 30,4 (ELB): *HERR, du hast meine Seele aus dem Scheol heraufgeholt, hast mich am Leben erhalten und bewahrt vor dem Hinabfahren zur Grube*; in Psalm 49,16 (ELB): *Gott aber wird meine Seele erlösen von der Gewalt des Scheols; denn er wird mich aufnehmen*; oder in Sprüche 23,14 (ELB): *Du schlägst ihn mit der Rute, aber rettest sein Leben vom Scheol.*

Jesus liebt alle Menschen. Gottes Macht reicht bis in den Scheol hinein und kann auch von dort retten. Dies wird nicht nur in Nahtoderlebnissen berichtet, sondern steht z. B. auch in Psalm 139,8 (ELB): *Stiege ich zum Himmel hinauf, so bist du da. Bettete ich mich in dem Scheol, siehe, du bist da*; und in Hosea 13,14 (ELB): *Aus der Gewalt des Scheol sollte ich sie befreien, vom Tod sie erlösen? Wo sind, Tod, deine Dornen? Wo ist, Scheol, dein Stachel?*

Die Gewissheit, dass Gottes Macht bis in das Totenreich reicht, ist sowohl bereits im Alten Testament zu lesen, z. B. in 1 Samuel 2,6 (ELB): *Der HERR tötet und macht lebendig; er führt in den Scheol hinab und wieder herauf*; aber auch im Neuen Testament, in Offenbarung 1,17–18 (EÜ): *Ich (Jesus) bin der Erste und der Letzte und der Lebendige. Ich war tot, doch nun lebe ich in alle Ewigkeit, und ich habe die Schlüssel zum Tod und zur Unterwelt.*

Wie die Bibel berichten auch einige wenige Nahtoderlebnisse über einen Bereich, in dem die Seelen verharren, ohne gequält zu werden, aber auch ohne in den Himmel einzugehen. George Ritchie nennt in seiner Nahtoderfahrung diesen Bereich „Receiving station"[111], wo die Seelen – wahrscheinlich auf Grund ihrer eigenen Erwartungshaltung – in einer Art tiefem Schlaf verbleiben. Engel bemühen sich um sie und möchten, dass sie erkennen: Gott ist ein Gott der Lebenden, und dass sie nicht schlafen müssen, bis sie an einem Jüngsten Tag auferweckt werden. Dass Nahtodberichte dieser Art sehr selten sind, mag daran liegen, dass sie nur von Dritten überliefert werden können, denn diejenigen, die in einen solchen „Schlaf" verfallen, sollten nach ihrer Rückkehr ins Leben keine Erinnerung an diese Form der Weiterexistenz haben.

Gleichzeitig könnte diese Form aber auch den hohen Prozentsatz derer erklären, welche keine Erinnerung an ein Nahtoderleben nach einer Reanimation haben.

Der erdgebundene Bereich

Verschiedentlich ist in der Bibel von unreinen Geistern die Rede, welche in einer Art Parallelwelt mit uns auf der Erde leben. In der Bibel wird nicht gesagt, dass Geister oder Dämonen die Seelen Gestorbener sind. Es wird aber von einer unsichtbaren Welt berichtet, die parallel zur sichtbaren Welt auf der Erde existiert, z. B. in Lukas 8,27–31 (EÜ): *Als Jesus an Land ging, lief ihm ein Mann aus der Stadt entgegen, der von Dämonen besessen war. Schon seit langem trug er keine Kleider mehr und lebte nicht mehr in einem Haus, sondern in den Grabhöhlen. Als er Jesus sah, schrie er auf, fiel vor ihm nieder und rief laut: Was habe ich mit dir zu tun, Jesus, Sohn des höchsten Gottes? Ich bitte dich: Quäle mich nicht! Jesus hatte nämlich dem unreinen Geist befohlen, den Mann zu verlassen. Denn schon seit langem hatte ihn der Geist in seiner Gewalt, und man hatte ihn wie einen Gefangenen an Händen und Füßen gefesselt. Aber immer wieder zerriss er die Fesseln und wurde von dem Dämon in menschenleere Gegenden getrieben. Jesus fragte ihn: Wie heißt du? Er antwortete: Legion. Denn er war von vielen Dämonen besessen. Und die Dämonen baten Jesus, sie nicht zur Hölle zu schicken.*

Ritchie berichtet in seiner Nahtoderfahrung über Seelen in einem erdnahen Bereich, die an Dinge gebunden sind und parallel zur materiellen Welt existieren: *Ich sah eine Gruppe von Fließbandarbeiterinnen, die sich in der Kantine versammelt hatten. Eine der Frauen bat eine andere um eine Zigarette, sie bettelte regelrecht, so als wünschte sie sich diese mehr als alles andere auf der Welt. Aber die andere, die mit ihren Freundinnen sprach, beachtete sie gar nicht. Sie nahm eine Packung Zigaretten aus ihrer Arbeitskleidung, und ohne sie der Frau überhaupt anzubieten, die so begierig danach griff, nahm sie eine und zündete sie an. Zielbewusst, wie eine vorwärtsschnellende Schlange, griff die Frau, die nicht beachtet worden war, nach der angezündeten Zigarette in dem Mund der anderen. Wieder griff sie zu. Wieder und wieder… Mit einem kleinen Schauder der Erinnerung sah ich, dass sie unfähig war, danach zu greifen.*[112]

Weiter illustriert er die gleichzeitige Existenz von Materie, wie wir sie kennen, und körperlosen Geistern im erdgebundenen Bereich durch die Beschreibung einer Szene, in der Seelen weiter an Alkohol gebunden sind: *Eine Anzahl der Männer, die an der Bar standen, schienen unfähig zu sein, die Gläser an ihre Lippen zu setzen. Immer wieder beobachtete ich, wie sie nach ihren Gläsern griffen, wie sie mit ihren Händen durch massive Becher hindurchgriffen, hindurch durch die schwere hölzerne Theke, hindurch durch die Arme und Körper der Trinker um sie herum. … Es war anzunehmen, dass diese unwirklichen Kreaturen einst feste Körper hatten, wie ich selbst einen gehabt hatte.*[113]

Die Leere oder äußere Finsternis

Neben dem Erdgebundenen Bereich, in dem Geistwesen und Menschen nebeneinander existieren, gibt es in den Nahtodschilderungen einen Bereich der „äußeren Finsternis". Jesus warnt in der Bibel sehr eindringlich vor der äußeren Finsternis, in der Furcht, Jammer und Unzufriedenheit sein werden, z. B. in Matthäus 25,30 (ELB): *Und den unnützen Knecht werft hinaus in die äußere Finsternis; da wird das Weinen und das Zähneknirschen sein.*

Es ist Jesus sehr wichtig, uns vor dieser Alternative zu bewahren, z. B. mit der Warnung, sich nicht in falscher Sicherheit zu wiegen, wie in Matthäus 8,11–12 (EÜ) zu lesen ist: *Ich sage euch: Viele werden von Osten und Westen kommen und mit Abraham, Isaak und Jakob im Himmelreich zu Tisch sitzen; die aber, für die das Reich bestimmt war, werden hinausgeworfen in die äußerste Finsternis; dort werden sie heulen und mit den Zähnen knirschen.*

Hervorzuheben ist hier, dass in der Bibel davon ausgegangen wird, dass das Himmelreich bereits existiert und nicht erst künftig geschaffen wird und dass Abraham, Isaak und Jakob (sowie Mose und Elija gemäß Matthäus 17,4 – siehe auch S. 53) bereits im Himmelreich sind. Diese Beschreibung als äußere Finsternis ist für mich sehr überzeugend. In Nahtodberichten wird etwas ganz Ähnliches beschrieben. Es schreibt Margot Grey 1989 (in der Übersetzung von Schröter-Kunhart) zusammenfassend über derartige Erlebnisse: *Eine negative Erfahrung ist normalerweise durch ein Gefühl extremer Angst oder Panik charakterisiert. Andere Elemente können emotionale und mentale Qual beinhalten, die sich in einen Zustand äußerster Verzweiflung steigern. Leute beschreiben, verloren und hilflos zu sein; oft kommt es in dieser Phase zu einem intensiven Gefühl der Einsamkeit in Verbindung mit einer Empfindung größter Trostlosigkeit. Die Umgebung wird als dunkel oder düster be-*

schrieben, oder aber sie ist kahl und feindlich. Die Leute berichten manchmal, dass sie sich am Rand einer Grube oder an der Grenze zu einem Abgrund befinden; sie stellen fest, dass sie alle ihre inneren Kräfte aktivieren müssen, um sich vor dem Absturz über den Rand zu bewahren.[114]

Entweder Gott überhaupt nicht wahrgenommen zu haben und in der Verzweiflung der Erkenntnis einer Ewigkeit ohne jegliche Perspektive zu sein oder sogar dereinst erkannt zu haben, wie liebevoll und wunderbar dieser Gott ist, aber nicht in seiner Nähe zu sein, scheint für die Seelen, die sich dort aufhalten, wirklich schrecklich zu sein.

Diese seelische Hölle in der Äußeren Finsternis hat nichts mit Feuer und Schwefel zu tun. Sie ist charakterisiert durch den verzweifelten, einsamen Seelenzustand. Zusätzlich zur Empfindung der Einsamkeit kommt manchmal das Gefühl, verspottet zu werden, hinzu. Schröter-Kunhart fasst die Erkenntnisse von Greyson und Bush[115] wie folgt zusammen: *1992 definierten auch Greyson und Bush den Typ der sinnlosen, einsamen Leere als eine Sonderform des negativen Nahtoderfahrung. Oft treten dabei Muster eines ‚ewigen Nichts‘, die Empfindung, verspottet zu werden, und die Erkenntnis, dass das ganze Leben eine Illusion sei, auf. Solche Erfahrungen des absoluten Nichts, das Gefühl, für immer und für alle Zeiten in einem unendlichen Vakuum gefangen zu sein, werden als sehr bedrohlich erlebt. Die Betreffenden reagieren während dieser Erlebnisse mit Abwehr; sie argumentieren mit logischen Argumenten dagegen. ... Diese Erlebnisse der Leere lassen den Erlebenden auch für gewöhnlich mit seinen durchdringenden Eindrücken und einer fatalistischen Verzweiflung nach dem Ereignis alleine.*[116]

Angie Fenimore berichtet in ihrem Nahtoderlebnis von der Einsamkeit und Verlorenheit an diesem finsteren Ort: *Ich wusste, dass ich in einem Zustand der Hölle war, aber dies war nicht die typische Feuer- und Schwefel-Hölle, von der ich als Kind gehört hatte. Das Wort Fegefeuer flüsterte sich in meine Gedanken. Männer und Frauen jeden Alters, aber keine Kinder, standen oder hockten oder liefen herum. Manche murmelten vor sich hin. Die Dunkelheit kam tief aus ihnen heraus und umgab sie mit einer Aura, die ich spüren konnte. Sie waren komplett mit sich selbst beschäftigt... Neben mir saß ein Mann, der vielleicht 60 Jahre alt war. Seine Augen waren ohne jede Leidenschaft. … Er war komplett ausgelaugt und wartete einfach nur noch. Ich wusste, dass seine Seele schon ewig hier sein musste. In diesem dunklen Gefängnis könnten ihnen Tage wie Jahre vorkommen.*

Gefangen zu sein im Stillstand, ohne Verbindung zu den anderen, muss ein quälendes Erlebnis für die Seelen in dieser Finsternis sein. Man kann sich gut vorstellen, dass hier aus Gram und Enttäuschung ein Gefühl herrscht, das man mit Zähneknirschen beschreiben kann. Dieses beklemmende Gefühl der Einsamkeit beschreibt Fenimore fortfahrend so: *Als ich mich weiter umschaute, fühlte ich unglaubliche Enttäuschung. …hier an diesem Ort gab es keine Bücher, kein Fernsehen, keine Liebe, keine Privatsphäre, keinen Schlaf, keine Freunde, kein Licht, kein geistiges Wachstum, keine Freude und keine Erlösung – kein Wissen, das man erlangen oder anwenden konnte.*

Aber noch schlimmer war mein wachsendes Gefühl vollständiger Einsamkeit. Selbst die Last des Grolls eines anderen zu hören, wäre wenigstens eine Form einer Verbindung, aber in dieser leeren Welt gab es keine Verbindungen zwischen den Seelen und es konnten auch keine hergestellt werden. Die Einsamkeit war erschreckend.[117]

Ein Ort quälender Wesen und Seelen

Neben den Schilderungen einer hoffnungslosen, leeren Finsternis gibt es Nahtodberichte mit Schilderungen einer Finsternis, in der zunächst freundlich wirkende Wesen neuankommende Seelen locken, um sie anschließend zu quälen. Dieser Ort scheint von der Beschreibung her inhaltlich zwischen der Äußeren Finsternis (anders ist dabei: die Wesen kommunizieren, es gibt quälende Wesen) und der typischen Hölle (anders ist hier: es gibt kein Feuer und Schwefel, es ist finster, die Handlung findet in einer ansonsten leeren Welt statt) zu liegen. So berichtet Storm von Wesen, die ihn, also seine vom Körper gelöste Seele, an diesen Ort der Finsternis locken wollten. Er beschreibt: *Etwas weiter entfernt, außerhalb des Krankenzimmers im Vorraum hörte ich Stimmen, die mich riefen. ‚Howard, Howard.' Es waren angenehme Stimmen, männliche und weibliche, junge und alte, die mich in meiner Sprache riefen. … ‚Komm hier hin.', sagten sie, ‚lass uns gehen und beeil dich…' ‚Ich kann nicht,' antwortete ich, ‚ich bin krank! … Sie antworteten: ‚Wir können dich wieder in Ordnung bringen, wenn du dich beeilst. Willst du nicht wieder gesund werden? Brauchst du keine Hilfe?'* [118]

Die Stimmen gehörten zu Wesen, die Storm als Männer und Frauen beschreibt, die grau und blass waren und vor ihm her gingen, ihn aber nie nah heran ließen und auch nicht auf seine Fragen antworteten, wer sie seien. Später glaubte er zu erkennen, dass diese Wesen einst Menschen gewesen sein müssten. Diese Leute schienen ihm in seiner Situation die einzige Hoffnung zu sein. Aber sie führten ihn immer tiefer in einen Nebel und in die Dunkelheit, so dass er immer misstrauischer wurde: *In mir wuchs ein schreckliches Gefühl von Unbehagen. … Eine lange Zeit waren wir jetzt gelaufen, während der ich immer nur nach unten geblickt hatte, um auf meine Schritte zu achten. Als ich jetzt aufblickte, bekam ich einen großen Schrecken, da ich feststellte, dass wir uns in völliger Dunkelheit befanden. Dieser Ort war nicht auf der Erde, und es waren keine lebenden Menschen zu sehen. Die Hoffnungslosigkeit überwältigte mich. ... ich forderte sie auf, mich in Ruhe zu lassen, weil sie Lügner seien. ... Dann begannen sie damit, mich zu stoßen und herumzuschubsen. Und ich begann zurückzuschlagen. Daraufhin begann ein wildes Getümmel, in dem sie mich verhöhnten, anschrien und schlugen. Ich kämpfte wie ein Wilder. ... sie bissen mich und schlugen mich. Und währenddessen war es ganz offensichtlich, dass sie sich dabei köstlich amüsierten.*

Weiter wird über die Empfindung berichtet, dass ihm trotz eines geistigen Körpers „Stücke von Fleisch" herausgerissen werden: *Sie gingen dazu über, Stücke meines Fleisches aus meinem Körper herauszureißen. Zu meinem Entsetzen wurde mir klar, dass ich auf ganz methodische Art auseinandergenommen und lebendig aufgefressen wurde – aber so langsam, dass ihr Vergnügen dabei so lange wie irgend möglich dauern würde.* [119]

Je mehr er kämpfte, desto größer wurde ihr Vergnügen, bis er schließlich keinen Widerstand mehr leistete. Die meisten gaben daraufhin auf, weil es ihnen keinen Spaß mehr machte, aber einige stießen und bissen ihn noch weiter. In seiner Verzweiflung sagte eine innere Stimme zu ihm „Bete zu Gott!" Obwohl er ein überzeugter Atheist war und dies für eine wörtlich „bescheuerte Idee" hielt, kam immer wieder diese innere Stimme und forderte ihn mehrfach auf zu beten. Als er seine Erinnerung an Gebete zusammenkramte und schließlich alle möglichen religiösen Sätze formulierte (darunter „God bless America"), hatte dies eine überraschende Wirkung auf die Wesen: *Zu meinem größten Erstaunen wurden diese grausamen und erbarmungslosen Wesen ... durch mein stotterndes Beten sehr wütend. ... Sie schrien mich an: ‚Es gibt keinen Gott! Was denkst du bloß, mit wem du sprichst? Niemand kann dich hö-*

ren! Und jetzt werden wir dir richtig weh tun!' Doch gleichzeitig zogen sie sich zurück. Ich konnte ihre Stimmen in dieser absoluten Dunkelheit noch gut hören, aber die Entfernung zu ihnen nahm zu.' [120]

Als Howard Storm schließlich „Jesus, rette mich" schreit, sieht er von Ferne in völliger Dunkelheit ein kleines Lichtpünktchen, das schließlich schnell näher kommt und ihn aus dieser Dunkelheit errettet.[121]

Auch in anderen Nahtodberichten wird von diesem Bereich berichtet, in dem es keine lebenden Menschen gibt und der von völliger Dunkelheit oder dichtem Nebel gekennzeichnet ist. In einem Bericht von Ritchie wird die Gebundenheit an die eigenen negativen Gedanken und Gefühle in der Ewigkeit geschildert: *Die Ebene wimmelte, ja sie war gedrängt voll von Horden körperloser Wesen; nirgends war eine irdische, lichtumgebene Person zu sehen. ... Zuerst dachte ich, wir schauen auf einen großen Kriegsschauplatz: überall waren die Menschen dazu verdammt, einen Kampf miteinander zu führen, sie krümmten sich, schlugen sich, kämpften wie wild. Keine Waffen, ... nur nackte Hände und Füße und Zähne. ... Es floss kein Blut, auf dem Boden lagen keine Körper. ... Sie konnten sich nicht töten, obwohl sie den eindeutigen Wunsch dazu hatten, ihre Opfer waren bereits tot. Und so stürmten sie aufeinander im Wahnsinn machtloser Raserei. ... Diese Kreaturen schienen an Gewohnheiten der Sinne und Gefühle, an Hass, Lust und zerstörerische Gedanken und Vorstellungen gebunden zu sein. Noch scheußlicher als die Bisse und Tritte, die sie einander verpassten, waren die sexuellen Misshandlungen, die viele von ihnen in fieberhafter Pantomime zur Schau trugen.* [122]

Bei dieser Beobachtung kam keine Verdammung von Jesus, der Ritchie in diesem Erlebnis begleitete – nur Mitgefühl für diese verlorenen Seelen. Ritchie empfindet in diesem Moment, dass Jesus diese Seelen hier nicht verurteilt hat, sondern dass sie selbst vor dem Licht geflohen sind, damit die Dunkelheit ihrer Herzen nicht vom Licht aufgedeckt wird. Ihr Herz hat sie gerichtet.

Ein anderer Nahtodbericht hat die Bedrängnis anderer zum Inhalt. Auch hier wird deutlich, dass Seelen gequält werden und dass sie nicht zu ihrem Aufenthalt dort verdammt worden sind: *Ich hörte in der Dunkelheit Geräusche wie aus einer Notaufnahme im Krankenhaus. Menschen würden gequält und alles lag in dichtem Nebel. Ich hörte Schreie und Menschen herumeilen. Und ich wusste, dass, wenn die Menschen nur aus dem Nebel nach oben zum Licht schauten, würden sie aus dem Nebel herauskommen. Aber sie waren zu verbohrt und würden das nicht tun. Ich habe mich seit diesem Erlebnis gefragt, ob dieser Nebel mit den verzweifelten Menschen die Hölle war.* [123]

Typische Hölle (das Feuermeer)

Der Inbegriff einer Hölle aus Feuer und Schwefel wird in der Bibel in der Offenbarung geprägt, so in Offenbarung 21,8 (EÜ): *Aber die Feiglinge und Treulosen, die Befleckten, die Mörder und Unzüchtigen, die Zauberer, Götzendiener und alle Lügner – ihr Los wird der See von brennendem Schwefel sein. Dies ist der zweite Tod.*

Im Vergleich zu Berichten von den zuvor genannten Formen nicht-himmlischer Bereiche sind Erlebnisse in einer Hölle aus Feuer oder Feuersee und Schwefel sehr selten. Außerdem weichen sie in der Berichtsform häufiger vom typischen Nahtoderlebnis ab; so werden z. B. Geruchseindrücke berichtet, die in anderen Nahtoderlebnissen meist fehlen. Allen Nahtoderlebnissen in einer typischen Hölle ist jedoch gemein, dass sie einen tiefen Eindruck auf die Zurückgekehrten gemacht haben. In einem Nahtodbericht von Helene Nägeli sind die Elemente Dunkelheit, große Hitze, Schwefelgestank und Qualen enthalten: *Daraufhin stand plötzlich wieder der Engel neben mir, nahm mich auf seinen Arm, und wir flogen hinunter in die Tiefe. Es wurde zusehends immer dunkler um mich herum. Mich beschlich ein Angstgefühl und ich bekam Gänsehaut wegen der furchterregenden Atmosphäre, die mich von allen Seiten umgab. ... Zuerst kam ein Schwefelgeruch in meine Nase. Die Luft wurde so stickig, dass es mir die Kehle zuschnürte. Ich hatte Mühe zu atmen. Aber es ging noch viel tiefer den Abgrund hinunter. In dieser schrecklichen Dunkelheit und Tiefe vernahm ich Menschenschreie, vermischt mit Hohngelächter. Als sich meine Augen an diese Dunkelheit gewöhnt hatten, sah ich plötzlich, wie einige furchterregende Wesen eine Frau quälten. Es waren zwar sehr viele menschliche Kreaturen um die Frau herum, aber es beachtete sie niemand. Jeder war mit sich selbst beschäftigt. ... Sie waren hoffnungslos, denn sie wussten keinen Augenblick, wann diese Peiniger auf sie losgehen würden.*[124]

In der Bibel warnt Jesus an einigen Stellen sehr eindringlich vor der Gehenna, so z. B. dass es besser sei, ein Auge (Matthäus 5,29; Matthäus 18,9; Markus 9,47), eine Hand (Matthäus 5,30; Markus 9,43) oder einen Fuß (Markus 9,45) zu verlieren, als seine Glieder zu erhalten und in die Hölle geworfen zu werden. Jesus warnt aber nicht davor, dass er *selbst* derjenige wäre, der in die Hölle wirft. Greyson und Busch schilderten das Beispiel einer jüdischen Frau, die ihre Nahtoderfahrung mit 27 Jahren im Anschluss an einen Autounfall während einer Reise mit ihrem Mann und zwei kleinen Söhnen gehabt hatte. Auch sie erlebte Elend und Gleichgültigkeit der in der Hölle Gefangenen. Zuerst begegnete sie einem Wesen, das sie als Jesus erkannte: *Ich befand mich in einem Lichtkreis. Ich schaute nach unten, auf die Unfallstelle. ... Ich schaute in meinen Wagen und sah mich gefangen und bewusstlos, sah einige Autos anhalten und eine Dame, die meine Kinder in ihren Wagen legte, bis der Rettungswagen kommen würde. ... Eine Hand berührte die meine und ich drehte mich um, um zu sehen, woher dieser Frieden, diese Ruhe und glückselige Stimmung kam ...*

und da war Jesus Christus – ich meine, so wie er in all den Bildern dargestellt wird – und ich wollte diesen Mann und diesen Ort nie mehr verlassen. Jesus begleitet sie im Nahtoderlebnis von der Seite der Glückseligkeit zur Seite des Elends, wo sich keiner um den anderen kümmerte. Es scheint in diesem Bericht fast so zu sein, als ob beide Seiten in ein und derselben Ebene liegen, nur in entgegengesetzten Richtungen: *Weil ich bei ihm bleiben und seine Hand halten wollte, wurde ich durch eine Ebene geführt. Er führte mich von einer Seite der Glückseligkeit zu einer Seite des Elends. Ich wollte nicht hinsehen, doch er machte mich sehend – und ich war angeekelt, hatte schreckliche Angst und war erschrocken ... es war so hässlich. Die Leute waren dunkel, verschwitzt und waren an einen Fleck fixiert. ... Einer war in dieser üblen Gegend regelrecht festgekettet. Der Mann war skelettiert und hatte große Schmerzen – ich wollte, dass einer der anderen ihm hilft; doch niemand tat etwas – und ich wusste, dass ich eine von diesen Kreaturen werden würde, wenn ich hier blieb. Ich hasste es dort. Ich konnte nicht abwarten, wieder auf die andere Seite zu gehen.*[125]

Weiter berichten Greyson und Busch von einer Frau, die einen Selbstmordversuch im Alter von 26 Jahren überlebt hatte und sich in einer Hölle wiederfand, die nicht von Feuer geprägt, sondern dunkel und feucht war: *Dann fühlte ich meinen Körper nach unten gleiten, nicht senkrecht nach unten; sondern wie in einem Winkel, so als ob ich auf einer Rutsche wäre. Es war kalt, dunkel und nass. Als ich den Boden erreicht hatte, fand ich mich vor einer Art Höhleneingang; daran hing so etwas wie Spinnweben. ... Ich hörte Schreie, Klagen, Stöhnen und das Knirschen von Zähnen. Ich sah diese Wesen, die Menschen ähnelten, ich erkannte Kopf und Körper. Doch sie waren hässlich und grotesk. Sie hatten Angst und klangen, als ob sie gequält wurden, wie in Todesangst. Niemand sprach zu mir. Ich ging nie in die Höhle hinein, blieb nur am Eingang. Ich erinnere mich, dass ich mir sagte ‚ich will hier nicht bleiben'. Ich versuchte, mich nach oben zu bewegen, so als ob ich mich – meinen Geist – aus dieser Grube herausstoßen wollte. Das ist das Letzte, woran ich mich erinnern kann.*[126]

Andere negativ geprägte Nahtodberichte haben Tiergestalten, wie Schlangen, Spinnen oder Kraken zum Inhalt, wie Göran Grip berichtet: *Ich stand an einer kleinen und gefährlichen Insel in einem schwarzen Fluss inmitten einer schwarzen Landschaft unter einem schwarzen Himmel. Gerade, als ich den Fluss überqueren wollte, kam ein schwarzer Tintenfisch aus dem Wasser.*[127]

Die Gehenna ist auch in weiteren Höllenschilderungen, wie sie im Kapitel „Selbsttötung" ab S. 100 aufgeführt sind, ein grauenvoller Ort. Nicht mehr zu sein, wäre besser, als seine Existenz in der Hölle fortsetzen zu müssen. Jesus warnt in Lukas 12,5 (EÜ): *Ich will euch zeigen, wen ihr fürchten sollt: Fürchtet euch vor dem, der nicht nur töten kann, sondern die Macht hat, euch auch noch in die Hölle zu werfen. Ja, das sage ich euch: Ihn sollt ihr fürchten.* Er sagt aber nicht, fürchtet euch vor mir, weil ich Macht habe, in die Hölle zu werfen. Er spricht von einem anderen.

7. Was uns hindert

In diesem und im folgenden Kapitel wird anhand verschiedener Bibelstellen und Berichte aus Nahtoderlebnissen erörtert, was für einen Eintritt in den Himmel förderlich oder hinderlich scheint. Die Parallelen der Nahtodberichte zu biblischen Aussagen sind unübersehbar. Das eigene Handeln, die eigenen Gedanken und die eigene Haltung sind nicht egal. Zuerst geht es darum, was einen am Eintritt in den Himmel hindern kann.

Urteilen und Richten

Menschen mit einer Nahtoderfahrung wurden Jahre später befragt, wie sich ihr Leben verändert hat. Die Eigenschaft, „andere so zu akzeptieren, wie sie sind", hat nach deren Aussage sehr stark zugenommen.[128] Das Nahtoderlebnis hat sie geprägt, andere nicht zu verurteilen oder zu richten.

Viele Ratschläge Jesu' in der Bibel sind auch mit Blick auf den Moment des Sterbens, auf die Lebensrückschau und auf die Entscheidung, wohin sich die Seele wenden wird, zu verstehen. Viele seiner Empfehlungen sind nicht nur gutgemeinter Rat, sondern sind auch an eine Verheißung geknüpft, wie in Lukas 6,37 (EÜ): *Richtet nicht, **dann** werdet auch ihr nicht gerichtet werden. Verurteilt nicht, **dann** werdet auch ihr nicht verurteilt werden. Erlasst einander die Schuld, **dann** wird auch euch die Schuld erlassen werden.*

Denn wenn ich selbst nicht anderen und mir vergebe, glaube ich auch nicht, dass Gott mir vergeben könnte. Wenn ich selbst richte, erwarte ich zwangsläufig, ebenso hart gerichtet zu werden. Ich kann für mich Gottes Vergebung nicht annehmen, wenn ich selbst auch nie vergeben habe oder vergeben würde. Ich kann diese Liebe einfach nicht in Anspruch nehmen, wenn ich auf Grund meines eigenen Handelns nicht an sie glaube.

Im Mittelpunkt der Lebensrückschauen im Nahtoderlebnis steht die Wirkung der eigenen Taten, Gedanken und Worte auf andere. Sie werden positiv bewertet, wenn sie andere aufgebaut und ihnen das Gefühl der Liebe vermittelt haben. Karriere, Geld, Ansehen zählen nicht, wie in folgendem Bericht deutlich wird: *Mir wurde mein gesamtes Leben gezeigt. … Ich sah, wie egoistisch ich war. Ich fühlte den Schmerz, den ich einer anderen Person zugefügt hatte, und dieses Erleben quälte mich sehr. Die Dinge, für die ich die größte Schuld trug, waren: andere Menschen zu verletzen, zu lügen, nicht rücksichtsvoll mit ihren Gefühlen umgegangen und egoistisch gewesen zu sein.*[129]

Die persönliche Prägung und Haltung hindert einen im Moment des Sterbens, in den Himmel zu kommen; nicht ein streng richtender Gott. Gott ist Liebe, er ringt um uns. Und Gott weiß um diesen entscheidenden Moment des Sterbens, so dass er uns schon heute begegnen möchte. Jesus hat uns ein Angebot gemacht, durch ihn den Blick auf Gott zu richten, den Weg nicht allein gehen zu müssen, Gottes geöffnete Arme für uns anzunehmen und Vergebung zu erfahren. Das meint er, wenn er sagt, ich bin der Weg (Johannes 14,6).

Dieses Erkennen der Auswirkung des eigenen Lebens auf seine Mitmenschen in der Gegenwart von Gottes Heiligkeit macht den Schritt in seine geöffneten Arme nicht einfach. Wenn man aber zu Lebzeiten vergeben hat, erwartet man leichter, dass einem selbst auch vergeben wird.

Eine Ahnung davon gibt der Nahtod-Bericht von Valvita Jones: *Als ich da lag, erlebte ich noch einmal jede Begebenheit aus meinem Leben, jedes Gefühl und jeden Gedanken… Ich spürte Gefühle, für die ich mich schämte, aber erkannte auch, dass es Dinge gab, die ich gut gemacht hatte und für die ich mich gut fühlte. Ich fragte mich, wie überhaupt jemand sich würdig in Gottes Gegenwart fühlen könnte.* **Ich wurde nicht verdammt, aber ich fühlte mich nicht würdig.** *Es ist so schwer zu erklären… Am Ende meines Lebensrückblicks fühlte ich mich vollständig unwürdig in der Gegenwart dieses herrlichen Lichtes zu sein, unwürdig, verglichen mit dem großartigen Plan aller Dinge.* Aber Jesus steht für sie in diesem Bericht ein, trotz ihrer Schuld. Er gibt ihr wieder Kraft und deckt ihre Sünde mit seinem Blut zu: *Dann berührte mich Jesus und ich konnte wieder aufstehen, obwohl ich zuvor keine Kraft hatte… Er sah mir in die Augen und in meine Seele, und ich wusste, dass er alles kannte und verstand, was ich fühlte. Als er so in mich hineinsah, war dies mit mehr Liebe, als ich es je bei irgendjemanden für möglich gehalten hätte. Er lächelte und mit einem einzigen Blick ließ er mich wissen, dass alles in Ordnung sein würde. Gott ist auf der einen Seite, und all die Menschen sind auf der anderen. Jesus steht zwischen den Menschen und dem himmlischen Vater, um die Menschen zu Gott zu bringen. Christus hat dies möglich gemacht, indem er sein Leben für alle gab. Alles, was ich aus den Schriften kannte, kam mir in den Sinn. Dann hörte ich, wie Vater und Sohn über meinen Fall kommunizierten. Jesus sagte: Mein Blut genügt. Sie ist mein. Als er dies sagte, verschwanden alle meine Zweifel wegen meiner Unwürdigkeit. … Diese Liebe, die ich fühlte, kann man nicht beschreiben. Ich sagte unaufhörlich: „Oh mein Gott, oh mein Gott, dies ist mein Vermittler, mein Anwalt." Es war genau, wie ich es in der Bibel gelesen hatte.*[130]

Mir sind keine Nahtoderlebnisse bekannt, in denen Jesus oder das Licht die Seelen der Gestorbenen gerichtet hätte. Dies steht in Übereinstimmung mit Johannes 5,19–23 (EÜ): *Jesus aber sagte zu ihnen: Amen, amen, ich sage euch: Der Sohn kann nichts von sich aus tun, sondern nur, wenn er den Vater etwas tun sieht. Was nämlich der Vater tut, das tut in gleicher Weise der Sohn. Denn der Vater liebt den Sohn und zeigt ihm alles, was er tut, und noch größere Werke wird er ihm*

zeigen, sodass ihr staunen werdet. Denn wie der Vater die To-
ten auferweckt und lebendig macht, so macht auch der Sohn le-
bendig, wen er will. **Auch richtet der Vater niemand, son-**
dern er hat das Gericht ganz dem Sohn übertragen, *damit*
alle den Sohn ehren, wie sie den Vater ehren. Wer den Sohn
nicht ehrt, ehrt auch den Vater nicht, der ihn gesandt hat.

Diese Bibelstelle zusammen mit der Aussage in Johannes 12,44–50 (siehe S. 138), in der Jesus sagt, dass er nicht
gekommen sei, um die Welt zu richten, sondern um die
Welt zu retten, und dass sein Wort jeden richtet, werden
durch die Nahtodberichte bestätigt.

Die Bibel sagt, weder Gott (Johannes 5,22) noch Jesus (Johannes 12,47) werden uns richten, denn Gott hat sein Gericht Jesus übertragen, damit er die Welt rette und nicht,
damit er sie richte. Und dennoch wird es ein Gericht geben, nämlich das Wort, das Jesus geredet hat. Was auf den
ersten Blick etwas ausweichend klingt – denn: wie kann
ein Wort richten – wird mit Blick auf die Nahtoderlebnisse plötzlich klar. Das liebende Licht, das in den Nahtodberichten als Gott oder Jesus erkannt wird, ist kein
verurteilender Richter, sondern bemüht sich um jede
Seele. Aber wenn die Seele entgegen der Worte Jesu hier
auf der Erde durch falsches Handeln geprägt wurde und
sich in der Erkenntnis der eigenen Wirkung sich als unwürdig erkennend oder aus Stolz abwendet, verbleibt sie
außerhalb des Himmels.

So richtet tatsächlich das Wort: Was der Mensch sät, wird
er ernten (Galater 6,7). Die folgenden Worte Jesu, die das
Gericht bedeuten, sind klar und verständlich: Das eigene
Richten fällt auf einen selbst zurück, wie in Matthäus 7,1–
5 (GNB) deutlich wird: *Verurteilt nicht andere, damit Gott*
nicht euch verurteilt! **Denn euer Urteil wird auf euch zu-**
rückfallen, und ihr werdet mit demselben Maß gemessen
werden, das ihr bei anderen anlegt. *Warum kümmerst du*
dich um den Splitter im Auge deines Bruders oder deiner

Schwester und bemerkst nicht den Balken in deinem eigenen?
Wie kannst du zu deinem Bruder oder deiner Schwester sagen:
,Komm her, ich will dir den Splitter aus dem Auge ziehen',
wenn du selbst einen ganzen Balken im Auge hast? Scheinhei-
lig bist du! Zieh doch erst den Balken aus deinem eigenen Auge,
dann kannst du dich um den Splitter in einem anderen Auge
kümmern! Auch Paulus bekräftigt die Aussage dieses
Gleichnisses, indem er sagt: Wenn man selbst das tut, was
man an anderen verurteilt, wird man später *sich selbst* mit
gleichem Maßstab auch verurteilen. Römer 2,1 (GNB)
bringt die zuvor genannten Bibelstellen noch einmal auf
den Punkt: *Aber auch du, Mensch, der du dieses Treiben miss-*
billigst: du hast keine Entschuldigung. Wenn du solche Leute
verurteilst, **sprichst du damit dir selbst das Urteil**; *denn du*
handelst genauso wie sie.
Jesus selbst gibt dem Vergeben und Versöhnen, diesem
Nicht-Richten und Nicht-Verurteilen, sogar eine höhere
Dringlichkeit als der Huldigung Gottes, wie in Matthäus 5,23–24 (HFA) zu lesen ist: *Wenn du eine Opfergabe*
zum Altar bringst und dir fällt plötzlich ein, dass dein Bruder
dir etwas vorzuwerfen hat, dann lass dein Opfer am Altar zu-
rück, geh zu deinem Bruder und versöhne dich mit ihm. Erst
danach bringe Gott dein Opfer dar.

Reichtum

Vieles aus den Nahtodberichten stimmt überein mit dem,
was die Bibel über den Himmel und die Unsterblichkeit
sagt. In keinem mir bekannten Bericht war materieller Besitz, Ruhm, Ansehen, gesellschaftliche Stellung mit Blick
auf den Himmel wichtig. Langfriststudien belegen, dass
die „Wertschätzung von Besitz und Geld" oder die „Bedeutung eines höheren Lebensstandards" nachhaltig und
deutlich abnahmen.[131]

Vor Gott zählen weder Geld noch weltliche Auszeichnungen, wie im folgenden Erlebnis deutlich wird: *Dann erschien ein helles Licht mit einer sanften Männerstimme, die mir sagte: Du wirst alles hinter dir lassen – deine Lieben, die schwer verdiente Auszeichnung, Geld, ja sogar deine Kleidung. Mit leeren Händen wirst du zu mir kommen.*[132]

In vielen Berichten bestätigte sich dagegen, dass selbst Kleinigkeiten, die man den Geringsten zur Hilfe getan hatte, bei der Lebensrückschau positiv bewertet wurden. Tätige Hilfe und unterlassene Hilfe spielten eine ganz besondere Rolle. Es bestätigte sich das Bibelwort aus Matthäus 25,40 und 45 (EÜ): *Darauf wird der König ihnen antworten: Amen, ich sage euch: Was ihr für einen meiner geringsten Brüder getan habt, das habt ihr mir getan. … Was ihr für einen dieser Geringsten nicht getan habt, das habt ihr auch mir nicht getan.*

Im Nahtoderlebnis wird sowohl deutlich, dass Liebe und Nächstenliebe die entscheidenden Dinge im Leben sind, als auch, dass Reichtum, Status und Stolz eher hinderlich für das Eintreten in den Himmel sind, wie auch folgende Bewertung zeigt: *Vor meiner Erfahrung lebte ich für materielle Dinge… Ich kümmerte mich nur um mich selbst, was ich hatte, was ich mir wünschte… Nach meiner Erfahrung habe ich diese Wünsche nach und nach abgelegt, weltliche Dinge, haben, besitzen und festhalten zu wollen – materielle Besitztümer in jeglicher Form sind mir jetzt nicht mehr so wichtig.*[133]

Auch in vielen Bibelstellen wird betont, dass der Sinn des Lebens nicht im Anhäufen von Vermögen besteht und dass es wichtig ist, mit welcher „Prägung" unsere Seele in die Ewigkeit eingehen wird. Einige sollen hier genannt werden.

Im Gleichnis vom reichen Kornbauern, der erst noch eine Scheune errichten möchte, ehe er an Gott und sich denkt, warnt Jesus, dass dies alles mit Blick auf Gott nicht wichtig ist, wie in Lukas 12,15–23 (EÜ) zu lesen ist: *Dann sagte*

er zu den Leuten: Gebt Acht, hütet euch vor jeder Art von Hab-
gier. Denn der Sinn des Lebens besteht nicht darin, dass ein
Mensch aufgrund seines großen Vermögens im Überfluss lebt.
Und er erzählte ihnen folgendes Beispiel: Auf den Feldern eines
reichen Mannes stand eine gute Ernte. Da überlegte er hin und
her: Was soll ich tun? Ich weiß nicht, wo ich meine Ernte un-
terbringen soll. Schließlich sagte er: So will ich es machen: Ich
werde meine Scheunen abreißen und größere bauen; dort werde
ich mein ganzes Getreide und meine Vorräte unterbringen.
Dann kann ich zu mir selber sagen: Nun hast du einen großen
Vorrat, der für viele Jahre reicht. Ruh dich aus, iss und trink
und freu dich des Lebens! Da sprach Gott zu ihm: **Du Narr!**
Noch in dieser Nacht wird man dein Leben von dir zu-
rückfordern. Wem wird dann all das gehören, was du an-
gehäuft hast? *So geht es jedem, der nur für sich selbst Schätze*
sammelt, aber vor Gott nicht reich ist.

Dies ist eine Schlüsselstelle dafür, dass das, was uns gewöhnlich wichtig ist, mit Blick auf den Himmel jedoch
völlig unwichtig ist.

Ritchie beschreibt in seinem Nahtoderlebnis Seelen von
Menschen im erdgebundenen Bereich, die auch nach ihrem Tod dem nachhängen, woran ihr Herz hängt: *In ei-*
nem Raum saß ein grauhaariger Mann in seinem Schreibsessel
und diktierte einen Brief. Hinter ihm stand, nicht zwei Zenti-
meter entfernt, ein anderer Mann, vielleicht zehn Jahre älter,
und versuchte wiederholt, nach dem Mikrofon zu schnappen,
als wollte er es der Hand des anderen Mannes entreißen.
‚Nein!', schrie er, ‚wenn du 100 Gros bestellst, werden sie mehr
berechnen. Nimm 1000 Gros auf einmal. Pierce hätte dir ein
besseres Angebot gemacht. Warum hast du Bill den Job überge-
ben?' Er fuhr unaufhörlich fort, korrigierte, gab Aufträge, wäh-
rend der Mann auf dem Stuhl ihn anscheinend weder sah noch
hörte.[134]

Gleichermaßen warnt Jesus, dass es ein Reicher schwer
hat, in den Himmel zu kommen, wie in Matthäus 19,23–

24 (EÜ) steht: *Amen, das sage ich euch: Ein Reicher wird nur schwer in das Himmelreich kommen. Nochmals sage ich euch: Eher geht ein Kamel durch ein Nadelöhr, als dass ein Reicher in das Reich Gottes gelangt.* Die Bibel mahnt häufig, sein Herz eben nicht an den irdischen Reichtum zu hängen. Weil so wie wir unsere Seele formen, wird sie auch nach dem Tod weiter existieren, z. B. in Psalm 62,11 (EÜ): *Wenn der Reichtum auch wächst, so verliert doch nicht euer Herz an ihn!*

Jesus sagt in Matthäus 6,24 und in Lukas 16,13 (EÜ): *Niemand kann zwei Herren dienen; er wird entweder den einen hassen und den andern lieben, oder er wird zu dem einen halten und den andern verachten. Ihr könnt nicht beiden dienen, Gott und dem Mammon.* Man muss sich entscheiden. Fällt einem Reichtum zu, ist die Gefahr groß, dass die Gedanken darum kreisen und sich die Persönlichkeit verändert.

Im Gleichnis von den Arbeitern im Weinberg macht Jesus deutlich, dass ihm daran liegt, dass jeder seine Grundbedürfnisse befriedigen kann: wohnen, kleiden, essen und trinken. Auch diejenigen, die keine Arbeit gefunden haben, aber den ganzen Tag arbeitsbereit zur Verfügung standen und sich bemühten, sollen essen und trinken können. Aber damit ist es genug. Er bedient keine Erwartung nach einem höheren Lohn oder auf möglichen Reichtum. Denn in Matthäus 20,1–15 (EÜ) sind sie sich über den Lohn einig geworden: *Denn mit dem Himmelreich ist es wie mit einem Gutsbesitzer, der früh am Morgen sein Haus verließ, um Arbeiter für seinen Weinberg anzuwerben.* **Er einigte sich mit den Arbeitern auf einen Denar für den Tag** *und schickte sie in seinen Weinberg. Um die dritte Stunde ging er wieder auf den Markt und sah andere dastehen, die keine Arbeit hatten. Er sagte zu ihnen: Geht auch ihr in meinen Weinberg!* **Ich werde euch geben, was recht ist.** *… Als es nun Abend geworden war, sagte der Besitzer des Weinbergs zu seinem Verwalter: Ruf die Arbeiter und zahl ihnen den Lohn aus, angefangen bei den letzten, bis hin zu den ersten. Da kamen die*

Männer, die er um die elfte Stunde angeworben hatte, und jeder erhielt einen Denar. Als dann die ersten an der Reihe waren, glaubten sie, mehr zu bekommen. Aber auch sie erhielten nur einen Denar. Da begannen sie, über den Gutsherrn zu murren, und sagten: Diese letzten haben nur eine Stunde gearbeitet, und du hast sie uns gleichgestellt; wir aber haben den ganzen Tag über die Last der Arbeit und die Hitze ertragen. Da erwiderte er einem von ihnen: Mein Freund, dir geschieht kein Unrecht. Hast du nicht einen Denar mit mir vereinbart? Nimm dein Geld und geh! Ich will dem letzten ebenso viel geben wie dir. Darf ich mit dem, was mir gehört, nicht tun, was ich will? Oder bist du neidisch, weil ich (zu anderen) gütig bin?

Genauso haben auch diejenigen Anteil am Himmel, die „kürzer dabei waren" – auch dort gibt es keine Bevorzugung.

Die Gefahr ist groß, sich auch mit Blick auf die Ewigkeit auf das Geld zu verlassen, weil uns in dieser Gesellschaft und in der Werbung immer wieder suggeriert wird, dass Sicherheit und Ansehen auf Geld und Karriere gegründet sind. Das ist aber nicht so. Liebe, Mitgefühl, Barmherzigkeit und Beziehungen zählen in der Ewigkeit.

Man kann sein Herz daran hängen, Reichtum zu erhalten, und ist plötzlich viel zu sehr damit beschäftigt, zu verwalten und zu sorgen, als zu leben und zu helfen. Deshalb sagt Jesus in Matthäus 6,19–21 (HFA): *Häuft in dieser Welt keine Reichtümer an! Ihr wisst, wie schnell Motten und Rost sie zerfressen oder Diebe sie stehlen! Sammelt euch vielmehr Schätze im Himmel, die unvergänglich sind und die kein Dieb mitnehmen kann. Wo nämlich eure Schätze sind, da wird auch euer Herz sein.*

Und in der Todesstunde bleibt das Herz daran hängen. Die Seele, der Geist ist noch zu sehr mit dem Geld beschäftigt und nicht offen für den Himmel. Wir nehmen beim Sterben unsere hier geprägte Seele mit. Ist sie auf

Geld und Materielles ausgerichtet, bleibt sie möglicherweise gebunden. Die Basis unseres Handelns sollten Gottes Gebote sein, unsere Geschäfte und Beziehungen sollen wir auf Wahrheit und Gerechtigkeit gründen. Denn wenn es nicht so ist, wenn wir mit unserem Herzen an Erfolg und Reichtum hängen, werden wir keinen Raum mehr für Gott und die Gerechtigkeit haben. Noch weiter als in Matthäus 6,19–21 geht Jesus geht in Lukas 12,33–34 (EÜ): *Verkauft eure Habe und gebt den Erlös den Armen! Macht euch Geldbeutel, die nicht zerreißen. Verschafft euch einen Schatz, der nicht abnimmt, droben im Himmel, wo kein Dieb ihn findet und keine Motte ihn frisst. Denn wo euer Schatz ist, da ist auch euer Herz.*

Ich denke, das Geheimnis ist, dass ich, wenn ich einmal gelernt habe, in Gottes Sinne zu leben, die Welt anschließend auch mit anderen Augen sehe. Menschen mit Nahtoderlebnissen haben oft diese anderen Augen. Andere Dinge werden wichtiger als Gewinn oder Erfolg. Es geht nicht um einen billigen mittelalterlichen „Ablasshandel", durch Gaben die Seligkeit erkaufen zu können. Es geht um eine durch helfendes Geben verwandelte Persönlichkeit, eine liebende und mitfühlende Seele. Dies ist der wirkliche Reichtum, den wir erlangen können und in dem Gott für uns sorgt.

Festhalten

In vielen Nahtodberichten wird davon berichtet, dass Menschen, die Dingen oder Gewohnheiten stark verbunden sind, diese Bindungen auch nicht über den Tod hinaus lösen können. Es ist nicht Gott, der in die Hölle stößt, sondern der Seelenzustand der Gestorbenen, der ihr Erleben zur Hölle werden lässt.

Nach Arthur Yensen beschreibt einer, der in der Hölle gewesen sein soll, diese als: *dunklen, feuchten, kühlen und schrecklichen Ort. Ein Ort, an dem jeder auf seine physischen Begierden fixiert ist, ohne einen Weg zu finden, sie zu befriedigen. Als Beispiel: Der Schlemmer kann nicht mehr essen, weil er keinen physischen Körper mehr hat. Der Alkoholiker kann aus dem gleichen Grund nicht trinken, genauso wenig wie der Drogensüchtige einen Schuss bekommen oder der Raucher rauchen kann. Der Geizkragen kann nicht sein Geld schützen und der Sexsüchtige, der nicht an die Liebe glaubt, kann seine Lust nicht befriedigen. Die Hölle ist die reale Hölle für alle, die nur lebten, um ihre selbstsüchtigen Bedürfnisse zu befriedigen und es nun nicht mehr können.*[135]

Dieses Festhalten und Gebundensein ist jedoch nicht auf physische Gegenstände beschränkt. Auch fixierte Beziehungen scheinen sich im Erleben nach dem Tod negativ auszuwirken. So beschreibt Ritchie auch die zwischenmenschliche Gebundenheit an die Vergangenheit in seiner Höllenschilderung deutlich: *Und die Gedanken, die [hier] am meisten ausgetauscht wurden, hatten etwas mit der überlegenen Kenntnis, der Fähigkeit oder der Vergangenheit des Denkenden zu tun. ‚Habe ich es dir doch gesagt!‘ – ‚Ich habe es immer gewusst.‘ – Habe ich dich nicht gewarnt!‘ Ein Kreischen, das sich im Echo überschlug.*[136]

Es scheint so zu sein, dass man das Loslassen diesseits üben muss, um es jenseits zu können. Jesu Verheißungen mit Blick auf die Ewigkeit haben auch viel mit Festhalten und Loslassen zu tun, wie in Markus 8,35 (HFA) deutlich wird: *Wer sich an sein Leben klammert, der wird es verlieren. Wer aber sein Leben für mich und für Gottes rettende Botschaft einsetzt, der wird es für immer gewinnen.*

Dass dieses Loslassen nicht einfach ist, ist in Bezug auf Besitz ebenfalls in der Bibel nachzulesen. Jesus antwortet auf die Frage, wie man in den Himmel kommt, mit einer zweistufigen Erwiderung: Zuerst halte alle Gebote, aber darüber hinaus lass auch deinen Besitz los. In Lukas 18,20–24 (EÜ) sagt Jesus: *Du kennst doch die Gebote: Du sollst nicht die Ehe brechen, du sollst nicht töten, du sollst nicht stehlen, du sollst nicht falsch aussagen; ehre deinen Vater und deine Mutter! Er erwiderte: Alle diese Gebote habe ich von Jugend an befolgt. Als Jesus das hörte, sagte er: Eines fehlt dir noch: Verkauf alles, was du hast, verteil das Geld an die Armen, und du wirst einen bleibenden Schatz im Himmel haben; dann komm und folge mir nach! Der Mann aber wurde sehr traurig, als er das hörte; denn er war überaus reich. Jesus sah ihn an und sagte: Wie schwer ist es für Menschen, die viel besitzen, in das Reich Gottes zu kommen! Denn eher geht ein Kamel durch ein Nadelöhr, als dass ein Reicher in das Reich Gottes gelangt. Die Leute, die das hörten, fragten: Wer kann dann noch gerettet werden? Er erwiderte:* **Was für Menschen unmöglich ist, ist für Gott möglich.**

Offenbar dienen Jesu Ratschläge demjenigen, der sie befolgt. Aber auch im Versagen ist mit Blick auf die Ewigkeit für Gott trotzdem alles möglich.

Gegen Festhalten hilft Loslassen und Geben. Das Ablegen von Süchten und Gewohnheiten, das Unterlassen von Belehrungen und Besserwisserei, das Geben – nicht nur aus dem eigenen Überfluss, sondern bis hin zur Substanz – all das hilft dabei, das Festhalten zu überwinden. So, wie unsere Seele zu Lebzeiten geprägt wird, geht sie in die Ewigkeit ein. Und auch in dem Loslassen und dem Geben liegt eine Verheißung Jesu, in gleichem Maße zu empfangen, wie in Lukas 6,38 (EÜ) steht: *Gebt,* **dann** *wird auch euch gegeben werden. In reichem, vollem, gehäuftem, überfließendem Maß wird man euch beschenken; denn nach dem Maß, mit dem ihr messt und zuteilt, wird auch euch zugeteilt werden.*

Stolz und Überheblichkeit

In seinem Buch „Die große Scheidung" schreibt C. S. Lewis: *Die Wahl jener verlorenen Seelen kann mit den Worten ausgedrückt werden: „Lieber in der Hölle herrschen, als im Himmel dienen." Immer gibt es etwas, was sie durchaus behalten wollen, selbst um den Preis des Elends. Immer gibt es etwas, was sie der Freude – und das heißt der Wirklichkeit – vorziehen.*[137] Stolz hält die Menschen von vielen mit Blick auf den Himmel wichtigen Dingen ab; vom Lieben und Geliebt-Werden, vom Verzeihen und Entschuldigung-Empfangen. In den Nahtodberichten wird bestätigt, dass Gedanken und Gefühle, gute Taten und liebevolle Handlungen in der Lebensrückschau die entscheidende Rolle spielen. Eine Nahtoderfahrene erkennt rückblickend, dass es ihr persönlicher und nicht Gottes Wille war, Stolz und Karriere zu ihrem Lebensmittelpunkt zu machen: *Jetzt beginne ich zu sehen, dass Gott mich nicht als einen professionellen Psychologen wollte, der klotzig verdient und mit großen Worten und Etiketten für die Befindlichkeit anderer Menschen um sich wirft, wobei ich meine eigene Wichtigkeit immer weiter aufblase. Viel mehr hat er mich zu einer Kerze gemacht, die den Raum, in den ich gestellt bin, erhellt.*[138]

Die erste Verheißung der Bergpredigt ist in Matthäus 5,3 (Verbindung aus HFA und EÜ): *Glücklich sind, die erkennen, wie arm sie vor Gott sind, denn ihnen gehört das Himmelreich.* Die wichtigste und erste Verheißung bezieht sich auf das ewige Leben, wem der Himmel gegeben ist. Es wird deutlich, dass es genau um diese Demut geht, die das Gegenteil jeglichen Stolzes ist. Das eigene Gelingen liegt in Gottes Hand und in Gottes Gnade. Eigene Leistung und Karriere bedeuten nichts mit Blick auf den Himmel, allein das eigene tätige Lieben zählt.

Viele weitere Bibelstellen bestätigen diese wichtige Botschaft, so auch 1 Petrus 5, 5 (GNB): *Euch Jüngeren aber sage ich: Ordnet euch den Ältesten unter! Überhaupt müsst ihr –*

das sage ich allen – im Umgang miteinander jede Überheblich-
keit ablegen. Ihr wisst doch: ,Gott widersetzt sich den Überheb-
lichen, aber denen, die gering von sich denken, wendet er seine
Liebe zu.'

Im zweiten Teil des Gleichnisses vom verlorenen Sohn
(siehe S. 137) hält Stolz den älteren Bruder davon ab, zu
seinem Vater ins Haus zu gehen. Obwohl er im Leben alles richtig gemacht hatte, sperrt er sich im entscheidenden
Moment durch seinen Stolz selbst aus dem Haus seines
Vaters aus.

Unkritische Populärwissenschaft

Wenn man es wagt, von einer Seele, ja gar von der Hölle
zu sprechen, wird man schnell nicht nur von fundamen-
talistischen[139] Atheisten angegriffen. In der Sendung von
Anne Will „Letzte Ausfahrt Paradies – gibt es ein Leben
nach dem Tod?" vom 21.11.2012[140] bezeichnete Philipp
Möller[141] den Glauben an eine Seele wörtlich als „Wahnvorstellung", also als psychische Krankheit. Auf die Bemerkung von Mechthild Löhr: „Die ewige Trennung von
Gott, der die Liebe ist, das Alleinsein, wenn ich die Liebe
Gottes nicht erfahre, das ist die Hölle." erwiderte Möller,
dass „Leute schon für weniger in der Psychiatrie gelan-
det" seien. Diese Erwiderung kann leicht als Drohung
empfunden werden: „Pass auf, was du sagst, damit du
nicht weggesperrt wirst!" Eine moderne Form der Verfol-
gung, die Glauben als Krankheitsbild stigmatisiert, welches behandelt werden muss, ist heute zumindest latent
allgegenwärtig.

Gleichzeitig wird in populärwissenschaftlicher und
Schulliteratur der Eindruck vermittelt, dass das menschliche Bewusstsein vollständig rein biologisch mit Gehirnfunktionen zu erklären sei. Wer an eine Seele glaubt, sei

dumm. Diese vermeintliche Wissenschaftlichkeit und Rationalität erschweren den Weg zum Himmel. In Wirklichkeit herrscht in der Fachliteratur keineswegs Einigkeit darüber, welche biologische Grundlage das Bewusstsein hat. Zu viele Puzzleteile fehlen oder passen nicht in das bisher ermittelte Gesamtbild. Im Jahr 2005 titelte das renommierte „Science Magazine" zum 125sten Jahrgang mit den 125 größten noch ungelösten wissenschaftlichen Fragestellungen. Auf dem zweiten Platz der 125 offenen Rätsel der Wissenschaft stand die Frage: „Welche biologische Grundlage hat das menschliche Bewusstsein?" Konkret war im Science Magazine bezüglich dieser zweitwichtigsten noch ungelösten Frage zu lesen, dass nicht nur die biologische Grundlage des Bewusstseins ungeklärt ist, sondern auch, weshalb es existiert: *Schließlich wollen Wissenschaftler nicht nur die biologische Basis des Bewusstseins verstehen, sondern auch, warum es überhaupt existiert.*[142]

Die Seele wird in populärer und in Schulliteratur als Erklärung abgelehnt, während es gleichzeitig kein wirklich schlüssiges alternatives materialistisches Erklärungsmodell für Bewusstsein gibt, das alle Fragen zufriedenstellend beantwortet. Die Sterbeforschung kennt immer mehr Beispiele und Beschreibungen vom Erleben nach dem Tod. Doch in der Bewertung dieser Erfahrungen scheinen bestimmte Erklärungsansätze tabu zu sein. Mit wissenschaftlichen Argumenten wird verteidigt, dass all diese Erfahrungen und Berichte irgendwie materiell erklärt werden müssen. Die Wissenschaft sammelt zwar neue Erkenntnisse in der Quantentheorie, in der Dualität von Materie und Energie und darin, dass unsere sichtbare Materie nur einen Bruchteil unseres Universums ausmacht – aber ein immaterielles Bewusstsein darf dem materiellen Lebensbild nicht zugefügt werden.

Aber es gibt keine völlig objektive Wissenschaft. Wissenschaftler sind auch nur Menschen, die ihre persönliche Überzeugung in ihre Forschung einfließen lassen. Vielleicht kennen Sie ja auch selbst solche Erlebnisse z.B. mit Ärzten, die aus persönlicher Überzeugung nicht auf ihre mitgeteilten Beobachtungen eingingen.[143]

Fakten, die nicht in das persönliche Bild eines materiell-gehirn-zentrierten Bewusstseins passen, werden von Wissenschaftlern mit einer entsprechenden persönlichen Überzeugung vielfach verschwiegen oder diskreditiert. Außerdem wird Gott in der Wissenschaft per Definition aus der Forschung ausgeschlossen. Was nicht standardisiert und objektiviert wiederholbar ist, existiert wissenschaftlich gesehen nicht.

Was für eine empirische, nicht-menschenbezogene Forschung vielleicht noch gelten mag, ist jedoch ein Problem für unser alltägliches Leben. Mit der gleichen Begründung werden auch *persönliche Erlebnisse* mit Gott, seine Stimme zu hören, selbst erfahrene Wunder, Gebetserhörung und Heilungserfahrungen ignoriert oder sogar negiert. Viele Menschen schließen *trotz* ihres persönlichen eigenen Erlebens wegen des *vermeintlich wissenschaftlichen Befundes* die Existenz Gottes für sich aus. Sie vertrauen der allgemeinen wissenschaftlichen Lehrmeinung mehr als ihrer eigenen Erfahrung und ihrem eigenen Erleben. Der Mediziner spricht von Spontanheilung, kennt die Ursache nicht, aber akzeptiert gleichzeitig keine spirituelle Quelle als Ursache.

Aber gerade dieses Erleben und nicht Glauben-Wollen ist problematisch für den Weg in den Himmel. Mit der gleichen Prägung befindet sich eine Seele nach dem Tod in einer gefestigten, Gott abgewandten Haltung. Ohne eine solche Positionsbestimmung zu Lebzeiten wäre die Seele offen für ein Kennenlernen nach dem Tod. Aber mit einem „Was nicht sein kann, das darf nicht sein" wird es sehr schwer. Jesus sagt zu diesem Thema in Johannes 9,41 (EÜ): *Einige von den Pharisäern, die bei ihm waren, hörten dies und sprachen zu ihm: Sind denn auch wir blind? Jesus sprach zu ihnen:* **Wenn ihr blind wäret, so hättet ihr keine Sünde.** *Nun aber sagt ihr: Wir sehen. Daher bleibt eure Sünde.*

Und an anderer Stelle in Johannes 15,22 (EÜ) sagt Jesus: *Wenn ich nicht gekommen wäre und nicht zu ihnen gesprochen hätte, wären sie ohne Sünde; jetzt aber haben sie keine Entschuldigung für ihre Sünde.*

Wunder Gottes zu sehen und – heute unter Berufung auf die gängige Wissenschaft – seine Existenz zu verneinen, belässt die Seele auch nach dem Tod in einer von Gott abgewandten Haltung. Seine Liebe kann nicht durchdringen. Dabei genügte es, den Blick auf Gott auszurichten. In einer weiteren Bibelstelle wird die Folge ungläubiger Rationalität gegenüber selbst erfahrenen Wundern deutlich, in Matthäus 11,20–21 (EÜ): *Dann begann er den Städten, in denen er die meisten Wunder getan hatte, Vorwürfe zu machen, weil sie sich nicht bekehrt hatten: Weh dir, Chorazin! Weh dir, Betsaida! Wenn einst in Tyrus und Sidon die Wunder geschehen wären, die bei euch geschehen sind – man hätte dort in Sack und Asche Buße getan.*

Glauben ist vor allem etwas auf der Gefühlsebene in der Beziehung zu Gott. Das Negieren des Glaubens aus der Wissenschaftlichkeit heraus ist für mich persönlich ein wenig so (wobei jeder Vergleich hinkt), als würde ein in einem Heim aufgewachsener Erwachsener (als Vertreter der Atheisten), der selbst nie Mutterliebe erfahren hat, anschließend zu allen in Familien aufgewachsenen Erwachsenen (als Vertreter der Gläubigen) sagen: Mutterliebe gibt es nicht.[144] Dass ihr alle die Liebe Eurer Mütter (als Bild für die durch Gott erwiesene Liebe) empfunden habt, habt ihr euch im günstigsten Fall nur eingebildet. Manchmal wird auch gesagt, dass man eine psychische Störung haben muss, um an so etwas wie Mutterliebe glauben zu können (siehe Eingangszitat dieses Kapitels). Aus der Perspektive des anderen ist die Behauptung sogar absolut nachvollziehbar, nur eben trotzdem falsch.

Leider gibt es auch den umgekehrten Fall, dass diejenigen mit der Mutterliebe-Erfahrung sich für besser halten, obwohl sie sich einfach nur glücklich schätzen sollten und es überhaupt nicht ihr eigener Verdienst, sondern ein Geschenk ist.

Auch die nur scheinbar wissenschaftliche Rückführung eines Gefühls wie die Liebe auf eine Argumentation wie: *„Du empfindest Liebe, weil in deinem Körper Hormone ausgeschüttet werden, welche von Neurotransmittern bemerkt werden, die wiederum …"* geht wissenschaftstheoretisch über das zulässige Beschreiben eines *Zusammenhangs* hinaus, indem es eine Ursache-Wirkung-Beziehung konstruiert. Das gleichzeitige Auftreten von Hormonen und einer Empfindung ist ein bewiesener Zusammenhang, aber noch keine vollständige Erklärung für die Liebe. Kennen Sie den Pawlowschen Reflex? Die Fütterung eines Hundes wird immer in Zusammenhang mit einem weiteren Reiz, z. B. einem Licht oder dem Läuten einer Glocke verbunden. In der Aussicht auf Futter läuft dem Hund das Wasser im Munde zusammen. Nach einer Weile reicht der Sekundärreiz, d. h. die Glocke ohne das Futter, um auszulösen, dass dem Hund das Wasser im Munde zusammenläuft – selbst wenn es kein Futter gibt. Niemand würde so weit gehen und behaupten, die Glocke ist die Ursache dafür, dass es einem schmeckt. Dagegen wird die vermeintlich wissenschaftliche Behauptung *„die Hormone sind die Ursache dafür, dass Du Liebe empfindest"* sehr viel leichter akzeptiert.

Bei kritischem Hinterfragen muss man aber feststellen, dass es zwar einen klaren Zusammenhang, jedoch keine eindeutige Ursache-Wirkung-Beziehung gibt.

In einer äußerst abstoßenden Umgebung wird sich durch eine Hormongabe eben nicht das gleiche Gefühl auf allein biochemischen Wege provozieren lassen, wie bei einem wirklichen Verliebtsein. Zusammenhang ist nicht Ursache und Liebe und Seele sind mehr als Moleküle und Körperzellen.

Unterhaltung und Ablenkung

Das Nahtoderlebnis hat für die Zurückgekehrten nach verschiedenen Studien zu einer deutlichen Zunahme des Wunsches, anderen zu helfen, und des Erkennens der Bedeutung von Natur und Umwelt geführt.[145] Menschen mit einer Nahtoderfahrung nutzen ihre Zeit besser, um zu lieben, sich um andere zu sorgen, in Beziehungen zu Mitmenschen oder zu Gott zu investieren.

Durch Unterhaltung und Ablenkung bleibt dagegen weniger Zeit für die mit Blick auf die Ewigkeit wichtigen Dinge. Aber vergeudete Zeit allein ist aber nicht der springende Punkt. Die Art der heutigen Unterhaltung vergällt zusätzlich unsere Seele. So wie sie hier geprägt wird, geht die Seele in die Ewigkeit ein. Ist sie z. B. aus dem Fernsehen geprägt von Mord und Totschlag, Lügen, Intrigen und Gewalt, so bleibt etwas von dieser Prägung auch beim Übergang in die Ewigkeit bestehen.

Konsolen- und Computerspiele des Typs „Ego-Shooter" sind möglicherweise eine noch stärkere Gefahr. Hier ist man nicht allein passiver Konsument, sondern aktiver Täter – Mörder, Soldat, Magier oder Zauberer. Man schlüpft in Rollen, welche die eigene Seele bereits zu Lebzeiten emotional weniger empfänglich machen, wie psychologische Studien zeigen.[146]

Auch biblisch ist es plausibel, dass man nach dem Tod nicht nur mit seinen realen Sünden konfrontiert wird, sondern auch mit den Sünden, die man in Gedanken vollbracht hat. Denn Jesus sagt in Matthäus 15,18–20 (EÜ): *Was aber aus dem Mund herauskommt, das kommt aus dem Herzen, und das macht den Menschen unrein. Denn aus dem Herzen kommen böse Gedanken, Mord, Ehebruch, Unzucht, Diebstahl, falsche Zeugenaussagen und Verleumdungen. Das ist es, was den Menschen unrein macht.*

Das eigene Tun in der virtuellen Welt könnte ebenfalls die Seele prägen, auch wenn es nur der Fantasie entspringt.

Selbsttötung

Über Selbsttötung zu schreiben, ist schwierig. Menschen, die ihr eigenes Leben beenden, tun dies in höchster Not und in der Erwartung, dass mit dem Tod alles zu Ende ist. Es steht niemanden zu, über dieses Tun zu urteilen oder es gar zu verurteilen. In diesem Kapitel wird auf Basis von Nahtodberichten deutlich werden, dass auch sie von Jesus genauso geliebt sind wie alle anderen Menschen auch und dass Jesus auch um diejenigen ringt, die ihr Leben selbst beendet haben.

Das biblische Gebot „Du sollst nicht töten!" (2 Mose 20, 13–17 und 5 Mose 5,17) schließt andere Menschen und sich selbst ein (3 Mose 19,18).   Paulus sagt in Römer 13,9 (HFA): *Die Gebote: „Du sollst nicht die Ehe brechen; du sollst nicht töten; du sollst nicht stehlen; begehre nicht, was anderen gehört" und alle anderen Gebote lassen sich in einem Satz zusammenfassen: „Liebe deinen Mitmenschen wie dich selbst."* Anders formuliert: Liebe deinen Mitmenschen, genauso, wie du auch dich selbst lieben sollst. Trotz dieses biblischen Gebots findet sich in der Bibel keine Bewertung aus der Sicht Gottes zu historischen Selbsttötungen, von denen in der Bibel berichtet wird.

Der doppelte Selbstmord von Saul und seinem Waffenträger im Angesicht seiner Feinde wird in der Bibel nicht befürwortet, aber auch nicht verurteilt. In 1 Samuel 31,4–5 (EÜ) wird darüber berichtet: *Da sagte Saul zu seinem Waffenträger: Zieh dein Schwert und durchbohre mich damit! Sonst kommen diese Unbeschnittenen, durchbohren mich und treiben ihren Mutwillen mit mir. Der Waffenträger wollte es nicht tun; denn er hatte große Angst. Da nahm Saul selbst das Schwert und stürzte sich hinein. Als der Waffenträger sah, dass Saul tot war, stürzte auch er sich in sein Schwert und starb zusammen mit Saul.*

Auch das „Selbstmordattentat" von Simson in Richter 16,28–31 (EÜ) wird ebenfalls nicht aus göttlicher Sicht kommentiert. Mit ihm wird das alttestamentarische Prinzip „Auge um Auge, Zahn um Zahn" verwirklicht, da Simson mit diesem Selbstmord Rache an den Philistern nehmen will: *Simson aber rief zum Herrn und sagte: Herr und Gott, denk doch an mich und gib mir nur noch dieses eine Mal die Kraft, mein Gott, damit ich an den Philistern Rache nehmen kann, wenigstens für eines von meinen beiden Augen. Dann packte Simson die beiden Mittelsäulen, von denen das Haus getragen wurde, und stemmte sich gegen sie, gegen die eine mit der rechten Hand und gegen die andere mit der linken. Er sagte: So mag ich denn zusammen mit den Philistern sterben. Er streckte sich mit aller Kraft, und das Haus stürzte über den Fürsten und über allen Leuten, die darin waren, zusammen. So war die Zahl derer, die er bei seinem Tod tötete, größer als die, die er während seines Lebens getötet hatte. Seine Brüder und die ganze Familie seines Vaters kamen herab; sie holten ihn, brachten ihn heim und begruben ihn zwischen Zora und Eschtaol im Grab seines Vaters Manoach.*

Biblisch gesehen findet sich auch hier keine Verurteilung noch irgendeine Bewertung. Der letzte Satz legt nahe, dass zur damaligen Zeit Selbsttötung als nicht so schlimm angesehen wurde, dass Simson ein religiöses Begräbnis in einem geweihten Grab verwehrt worden wäre.

Auch aus den Nahtodberichten lässt sich keine Verurteilung der Taten durch Gott oder Jesus erkennen. Allerdings scheint das Unvermögen der Gestorbenen, die ursächlichen, weiterhin bestehenden Probleme in der jenseitigen Welt noch zu beeinflussen, sehr problematisch zu sein. Gerade bei Selbsttötungen gibt es vermehrt Berichte darüber, dass Selbstmörder „die Hölle erleben". So sagte ein Arzt zu einem Mann, der sich erschossen hatte: *dass wir versuchen würden, ihn zu retten. Der Patient nickte zustimmend. Seine letzten Worte waren: ,Ich habe Angst. Lassen Sie mich nicht zurück in die Hölle. Jetzt kann ich es sehen!'*[147]

Dieses Erleben kann damit zu tun haben, dass das Problem, vor dem die Berichtenden fliehen wollten, weiter besteht, dass ihnen als weiterlebende Seele klar wird, welchen Schmerz sie hier auf der Erde verursachen oder dass sie ihre eigene Weiterexistenz nicht begreifen können. Und doch will in all dieser Verzweiflung Jesus retten, wie aus vielen Berichten deutlich wird. So berichtet Ritchie von seinem eigenem Nahtoderlebnis, wie er sah: *In einem Haus folgte ein junger Mann einem älteren von einem Raum in den anderen. „Es tut mir leid, Papa!", sagte er immer wieder. „Ich wusste nicht, dass es Mama so treffen würde! Ich habe es nicht besser verstanden." Aber obwohl ich ihn ganz klar hören konnte, war es offensichtlich, dass der Mann, zu dem er sprach, ihn nicht verstand. Der alte Mann trug ein Tablett in einen Raum, in dem eine ältere Frau im Bett saß. ,Es tut mir leid, Papa', sagte der junge Mann wieder. ,Es tut mir leid, Mama.' Ohne Ende, immer wieder, in Ohren, die ihn nicht hören konnten. Verständnislos wandte ich mich an Jesus neben mir. Aber obwohl ich fühlte, wie sein Erbarmen gleich einem Strom in den Raum vor uns floss, erleuchtete meine Sinne kein Verstehen. ... Von dem Licht neben mir kam der folgende Gedanke: Sie sind Selbstmörder, gebunden an die Folgen ihres Handelns.*[148]

Eine Frau, Anfang 30, erlebte während ihres Nahtoderlebnisses nach einem Suizidversuch eine Szene, in der menschliche Wesen, die sich selbst getötet hatten, betrübt im Kreis herumgingen: *Sie hätten gerne rückgängig gemacht, was sie getan hatten, konnten es aber nicht. Sie kannten die ganze Wahrheit, den Zweck des Lebens, und waren sich der Schmerzen bewusst, die ihre Entscheidungen, als sie noch auf der Erde waren, ihnen selbst und anderen verursacht hatten. Sie waren sich des großen Leides bewusst, das sie erzeugt hatten.*[149]

Wenn diese Nahtodberichte die geistige Welt richtig wiedergeben, dann ist wichtig, dass Hinterbliebene den Gestorbenen über Jesus ganzen Herzens vergeben und dieses Lieben und Vergeben in die geistige Welt hinein aussprechen. Jesus will die ganze Welt und damit auch jede einzelne Seele retten.

Auch der Arzt Dr. med. Maurice S. Rawlings berichtet, dass er von keiner einzigen guten Nahtoderfahrung nach einer Selbsttötung weiß. Statt mit allem Schluss zu machen, wie es sich Selbstmörder wünschten, finge damit erst alles an. Nach seinem Bericht bekam ein vierzehnjähriges Mädchen nach ihrem Selbstmordversuch einen Stimmritzenkrampf, *hörte auf zu atmen und erlitt einen Herzstillstand. Der ließ sich jedoch sogleich durch Herzmassage und Atemschlauch beheben. Sie kann sich nur mäßig an diese Wiederbelebung erinnern; jedenfalls sagte sie wiederholt: ‚Mama, hilf mir! Die sollen mich loslassen! Die wollen mir wehtun!‘ Die Ärzte wollten sich entschuldigen, weil sie ihr wehgetan hätten – aber sie sagte, es wären nicht die Ärzte, sondern die Dämonen in der Hölle ... die lassen mich nicht los ... die wollten mich ... ich konnte nicht zurück ... es war einfach furchtbar!‘*[150]

Etwas mehr über die schrecklichen Erfahrungen nach einer Selbsttötung wird im Bericht deutlich, den Michael Schröter-Kunhardt zitiert. Nachdem ein Mann versucht hatte, sich zu erhängen, bemerkte er, dass seine Seele weiter existierte: *Ich war außerhalb meines physischen Körpers.*

Ich sah meinen Körper im Seil hängen; es sah furchtbar aus. Ich ... konnte sehen und hören, aber irgendwie war es anders, schwer zu erklären. Um mich herum waren überall Dämonen; ich konnte sie hören, aber nicht sehen. Sie schnatterten wie schwarze Vögel. Es war, als wüssten sie, dass sie mich hatten, und dass sie die ganze Ewigkeit Zeit hätten, mich in die Hölle zu ziehen und zu quälen. Es würde die schlimmste Art von Hölle sein, hoffnungslos eingefangen zwischen zwei Welten, verloren und verwirrt die ganze Ewigkeit herumirrend. Ich musste zurück in meinen Körper. Oh mein Gott, ich brauchte Hilfe. Ich lief zum Haus, rannte durch die Tür, ohne sie zu öffnen, und schrie nach meiner Frau, die mich aber nicht hören konnte; darum ging ich geradewegs in ihren Körper hinein. Ich konnte mit ihren Augen und Ohren sehen und hören. Dann stellte ich den Kontakt her, hörte sie sagen „Oh, mein Gott!"

Sie griff nach einem Messer auf dem Küchenstuhl und rannte dorthin, wo ich hing, stieg auf einen alten Stuhl und schnitt mich vom Seil ab. Sie konnte keinen Puls finden; sie war Krankenschwester. Als das Notfallteam ankam, hatte mein Herz aufgehört zu schlagen; ich atmete auch nicht mehr. [151]

In diesem Bericht gelingt es also dem Betroffenen, sich selbst mit Hilfe seiner Ehefrau zu retten. Allerdings sind solche Berichte eines Springens in den Köper anderer extrem selten und folglich ggf. mit einer gewissen Skepsis zu sehen. Jesus will, dass jeder gerettet wird und niemand in einer solchen Ewigkeit gefangen bleibt. Auch Angie Fenimore begegnete in ihrem Höllenerlebnis nach ihrem Selbstmordversuch Jesus, der ihr noch eine zweite Chance gab. Diese Begegnung und ihre spirituellen Erkenntnisse beschreibt sie auf sehr anschauliche und eindrückliche Art und Weise. Jesus möchte, dass wir sein Geschenk, sich für uns geopfert zu haben, zu Lebzeiten annehmen: *Plötzlich fühlte ich die Gegenwart von jemandem neben mir, derselben Person, die meine Lebensrückschau mit mir betrachtet hatte... Bei der Rückschau nahm ich seine mächtige* *und gleichzeitig sanftmütige Persönlichkeit wahr, aber jetzt spürte ich ihn so stark, dass ich ihn als Person wahrnehmen konnte. Und ich sah Lichtstrahlen durch die Dunkelheit dringen wie kleine Laserstrahlen oder Sterne am klaren Nachthimmel... Meine Fähigkeit, dieses Licht mit meinen Augen zu sehen, war offenbar abhängig von meiner Bereitschaft zu glauben... Seine Liebe war genauso rein und kräftig wie die des Vaters, aber sie hatte eine völlig neue Dimension reiner Leidenschaft und eines vollständigen und perfekten Einfühlungsvermögens. ... Ich hatte mein ganzes Leben gedacht, dass niemand verstehen würde, was ich durchgemacht hatte. Aber jetzt traf ich in Jesus jemanden, der es wirklich nachvollziehen konnte. Es schmerzte ihn; er litt tatsächlich unter dem Schmerz, den ich erlebt hatte, aber mehr noch darunter, dass ich keinen Trost bei ihm gesucht hatte. **Sein größter Wunsch war mir zu helfen.** Er trauerte wegen meiner Blindheit, wie eine Mutter um ihr totes Kind trauern würde.*

Jesus will helfen, und Jesus liebt diejenigen, die ihr Leben selbst beendet haben – ohne sie oder ihre Tat zu verurteilen. Seinen Tod hat er auch für sie erlitten.

Plötzlich wurde mir klar, dass ich in der Gegenwart des Erlösers der Welt war. Er sprach zu mir durch den Schleier der Dunkelheit: „Verstehst du? Ich habe dies für dich getan." Als ich von seiner Liebe durchdrungen wurde, aber auch von dem Schmerz, den er für mich empfand, öffneten sich meine spirituellen Augen, und ich sah, was der Erlöser für mich getan hatte, wie er sich für mich persönlich geopfert hat. ... Er war die ganze Zeit in meinem Leben da für mich, aber ich hatte ihm nicht vertraut.

Im Anschluss werden geistige Gesetze erläutert, die vergleichbar den Naturgesetzen existieren: *Ich erfuhr, dass es genauso, wie es Naturgesetze, auch geistige Gesetze gab. Eines davon ist, dass man für jede Verletzung, die man einem anderen zufügt, mit eigenem Leiden bezahlen muss. Mir wurde schmerzlich klar, welches Leid ich meiner Familie und anderen*

Menschen bereitet hatte… Da gab es Menschen auf der Erde, die ich nie zuvor gesehen hatte, die von meinem Selbstmord betroffen sein würden. Weil die Wut und der Schmerz, die ich meinen Lieben zufügte, sie davon abhalten würde, weiter Gutes an andere weiterzugeben…

Angie erkennt, dass ihr diese Gnade nicht aus ihrem Verdienst heraus zuteilwurde, sondern dass sie fähig wurde zu sehen, als sie bereit war zu glauben.

Aber dann fragte ich mich, warum bekam ich diese Chance? Warum konnte ich Gott in dieser Finsternis sehen, während die scheinbar leere Hülle des Mannes neben mir ihn nicht sehen konnte. Warum konnte ich dieses göttliche Licht in mich aufnehmen und belehrt werden, während der Mann neben mir auf dem Boden hockte in Elend und Finsternis? Mir wurde gesagt, dass meine Bereitschaft, an Gott zu glauben, der Grund sei. … **Als ich bereit war zu glauben, wurde ich fähig zu sehen.** *Bereitschaft und Fähigkeit sind das gleiche. …* **Mir wurde gesagt, dass meine Schulden** *[im Sinne des spirituellen Gesetzes, dass für jede Verletzung der Preis des eigenen Leidens gezahlt werden müsse]* **bereits bezahlt seien, dass das Opfer bereits erbracht sei. Im Garten Gethsemane hat Jesus Christus alles Leiden jedes Menschen erfahren, das bereits auf Erden geschehen war bzw. noch geschehen würde. Aber damit dieses Leid, das Jesus für mich ertragen hatte, auch mir angerechnet werden könnte, damit dieses spirituelle Gesetz erfüllt würde, musste ich dieses Geschenk erst annehmen.** *Als ich das Leid erkannte, das ich mit dieser Nicht-Annahme auch meinem Erlöser zugefügt hatte, brach mir fast das Herz. Nun änderte sich meine Wahrnehmung, und die Dunkelheit schien sich abzuschwächen. … Jetzt konnte ich weitere Geschöpfe des Lichts um mich herum sehen. Die Hölle ist nicht nur ein Ort, sondern auch ein Zustand des Geistes. Wenn wir sterben, sind wir gebunden an das, was wir in unserem Leben dachten. Je mehr wir nach unseren Gedanken handelten, desto mehr haben sie sich verfestigt und begleiten uns*

im Tod. Sie verursachen die Dunkelheit, wenn wir sterben. ...
Dieser Geisteszustand wird immer offensichtlicher, wenn wir
sterben, weil wir mit denen versammelt werden, die genauso
denken wie wir. Diese „automatische Sortierung" ist ein natür-
licher Prozess und in Übereinstimmung mit der Art und Weise,
wie wir in dieser Welt leben. Unsere Zeit auf der Erde ist nur
ein Herzschlag im Vergleich zur Ewigkeit – aber sie ist der ent-
scheidende Moment der Wahrheit, der Wendepunkt. Unsere
Zeit auf der Erde entscheidet, wie wir für immer weiterexistie-
ren.[152]

Jesus hat sich für uns geopfert, aber damit dieses Opfer
wirksam wird, müssen wir es erst annehmen. Nahtodberichte belegen, dass Jesus alle Menschen retten will und
auch denjenigen begegnet, die sich selbst das Leben nehmen, wenn sie bereit sind zu sehen.

8. Was uns in den Himmel hilft

Glaube und Gebet

In der Bibel gibt es Stellen, die nahelegen, dass der Glaube rechtfertigt, d. h. durch unseren Glauben an Gott sind wir bereits gerettet (z. B. im Römerbrief). Der Nahtodbericht von Angie Fenimore (siehe S. 104) zeigt, dass die Annahme des Opfers Jesu entscheidend für ihre Rettung war.

An anderen Stellen (z. B. Offenbarung und Jakobusbrief) steht dagegen, dass unsere Taten Grundlage für das Gericht sein werden. Die Nahtodberichte mit Lebensrückschauen als Element zeigen, dass Taten und Worte zu Lebzeiten im Sterben reflektiert und bewertet werden. Beide Aspekte sind dann uneingeschränkt gültig, sind auch kein scheinbarer Widerspruch mehr, wenn uns Gott mit offenen Armen erwartet, wir aber den entscheidenden Schritt selbst tun müssen. Wenn ich Glauben habe, so kann ich meine Unvollkommenheit erkennen, darf mich aber trotzdem aus der äußeren Finsternis zu Gott trauen, weil ich ganz sicher weiß, dass mir der liebende Vater vergeben wird und mich reinigt und heilt.

Wenn ich mit aufrichtigem Herzen gute Taten vollbracht habe, werde ich mich aus der gleichen Liebe, mit der ich diese Taten vollbracht habe, nach Gottes Nähe sehnen, so dass ich mich aus dieser offenen und ehrlichen Einstellung heraus ebenfalls in seine Gegenwart wagen werde und seine Liebe für mich annehmen kann. Die Motivation für meine guten Taten ist gleichzeitig der Weg aus der Finsternis hin zum liebenden Licht, unserem Schöpfer.

Wie wir hier unsere Seele formen, genauso werden wir einmal vor unserem Schöpfer stehen. Und wir werden nicht einmal den Versuch unternehmen, uns herauszureden oder hinüberzumogeln, sondern wir werden in unserer Furcht gefangen oder in seiner Liebe befreit sein. Diese Zusage, dass derjenige, der dem Wort Jesu glaubt, das ewige Leben hat, steht z. B. in Johannes 5,24–26 (EÜ): *Amen, amen, ich sage euch: Wer mein Wort hört und dem glaubt, der mich gesandt hat, hat das ewige Leben; er kommt nicht ins Gericht, sondern ist aus dem Tod ins Leben hinübergegangen. Amen, amen, ich sage euch: Die Stunde kommt, und sie ist schon da, in der die Toten die Stimme des Sohnes Gottes hören werden; und alle, die sie hören, werden leben. Denn wie der Vater das Leben in sich hat, so hat er auch dem Sohn gegeben, das Leben in sich zu haben.*

Jesus Christus spricht in Johannes 10,7–9 (HFA), dass er selbst die Tür zur Seligkeit ist: *Ich sage euch die Wahrheit: Ich selbst bin die Tür, die zu den Schafen führt. … Ich allein bin die Tür.* **Wer durch mich zu meiner Herde kommt, der wird gerettet werden.** *Er kann durch diese Tür ein- und ausgehen, und er wird saftig grüne Weiden finden. Ich bin die Tür; wenn jemand durch mich hereingeht, wird er selig werden.* Jesus sagt in der Bibel: Ich bin der Schlüssel. Ich bin der Weg, die Wahrheit und das Leben. Ich bin das Licht und die Tür, die zum ewigen Leben führt. Wer an mich glaubt, wird leben in Ewigkeit.

Als Nahtoderfahrene Jahre später gefragt wurden, welche Veränderungen sich in ihrem Leben ergeben haben, wurde deutlich, dass sie dem Gebet nach der Erfahrung eine hohe oder sehr hohe Bedeutung beimessen. Auch die „Ergebung in den Willen Gottes, von Gott geleitet werden" wurde für 86 % der Befragten wichtig oder sehr wichtig.[153] Die Bedeutung von Glauben nimmt folglich nach einer Nahtoderfahrung für viele deutlich zu.

Aussagen in Nahtodberichten, wie die Berichte von Howard Storm (S. 74), Angie Fenimore (S. 104), George Ritchie (S. 87) und Don Brubaker[154] bezeugen, dass Jesus selbst noch in der Hölle um uns trauert und ringt. Aber wie Angie Fenimore sagte: „Erst als ich bereit war zu glauben, war ich fähig zu sehen", ist das alles wohl nicht ganz so einfach. Jesus geht uns nach, aber wir müssen uns auch aufmachen. Die Gleichnisse vom verlorenen Schaf (Jesus geht dem Schaf nach und sucht nach ihm), aber auch vom verlorenen Sohn (der Sohn muss sich zum Vater aufmachen) belegen, dass es auch auf unsere Annahme seines Geschenks ankommt – auch in letzter Minute. Lorraine Tutmarc (1928) erfuhr z. B. noch im Sterben Jesu Annahme und Rettung: *Lorraine verlässt ihren Körper und schwebt zu einer der oberen Ecken des Raumes. Sie schwebt durch die Wand und findet sich auf der anderen Seite bis zum Hals in einem schwarzen Fluss wieder. Sie fragt „Wo bin ich?" und eine laute liebende Stimme, die sie als Stimme Gottes identifiziert, antwortet: „Dies ist die Ewigkeit. Du bist verloren." Sie fragt: „Was ist das hier?" und die Stimme antwortet „Dies ist der Fluss des Todes." … Ein Strudel zieht sie auf den Grund des Flusses, wo Jesus ihr in einem brillanten Licht erscheint. Jesus ist traurig und hat einen großen roten Fleck auf seiner weißen Robe. Er sagt zu ihr: „Dies ist das Blut, das ich am Kreuz für deine Sünden vergossen habe." Dann sagt er: „Folge mir!" In dem Moment, als sie sagt, „Das will ich" verschwindet der Fluss des Todes, und sie ist geheilt.*[155]

Rita Groß-Grevenbroich hatte während eines Tiefkomas nach einem Selbstmordversuch drei Nahtodsequenzen. In der ersten Phase verspürte sie keinen Schmerz und fühlte sich angenommen und glücklich. Sie wurde von einer weichen und liebevollen Stimme angesprochen: *Diese Stimme sprach mich auf meine Lebensprobleme an und stellte ohne Vorwurf oder Verurteilung fest, warum ich meinem Leben ein Ende gesetzt hatte. Sie fragte mich aber, ob ich noch einmal ins Leben zurück wolle, und versprach, mir dabei zu helfen, ein neues, besseres Leben zu führen – ohne Sucht.* In der darauffolgenden zweiten Phase befand sie sich in einer pani-

schen Situation: *Ich befand mich in einem unheilvoll anmu-
tenden Haus, in dem ich nach unten gezogen wurde. Ich war
gefangen, wie gelähmt, und wollte fliehen. Dort traf ich auf un-
heilvolle Gestalten, die mir deutlich machten, dass ich keine
Chance hätte, dort wieder wegzukommen, was meine Angst
und Lähmung noch steigerte.*

Schließlich wird sie von einem langsam wachsenden
schwarzen Fleck an der Wand des schmutzig-weißen
Raums angezogen, um nach ihrer Vorstellung im
„Nichts" gänzlich zu verschwinden: *In meiner Panik begann ich schließlich, Gebete zu stammeln. Ich erinnere mich gut
an die Worte, die ich benutzte: „Im Namen des Vaters und des
Sohnes und des Heiligen Geistes!" und „Herr, hilf!" Zu zu-
sammenhängendem Gebet war ich nicht fähig, ich konnte nur
stammeln und stottern. Das schwarze Nichts war inzwischen
schon sehr groß und sehr nah; doch indem ich betete, wuchs es
nicht mehr. Plötzlich tauchte am linken Rand des Raumes ein
Kreuz auf, das sich langsam in einem Halbkreisbogen zwischen
das schwarze Loch und mich schob. Es war ein grobes Holz-
kreuz, das aber wunderbar strahlte und mir Hoffnung und Rettung vermittelte.*[156]

Die Parallelen zu anderen Berichten sind beeindruckend.
Offenbar gelingt es den Erlebenden durch ihre Erinnerung an das, was sie vom Glauben wissen, Jesus zu Hilfe
zu rufen und ihre Lage zu verändern. Dies muss nicht erst
in der Todesstunde sein. Dass die Bibel bereits hier und
jetzt Antworten auf unsere Fragen zum Glauben gibt,
wird auch in anderen Nahtodberichten deutlich, etwa im
Bericht von Dr. Richard Eby.[157] Er stellte Jesus viele Fragen. Aber Jesus antwortete: Hast Du nicht mein Buch gelesen? Die Antworten, die er während seines Nahtoderlebnisses auf seine Fragen erhielt, waren in Übereinstimmung mit dem, was in der Bibel geschrieben steht.

Allerdings scheint Glauben allein keine Garantie für
schöne und positive Nahtoderlebnisse zu sein. So hatte

Kenneth Hagin eine Höllenerfahrung, obwohl er gläubiger Christ war. Doch auch hier reichte die Macht Gottes bis in die Hölle: *Als Baptist aufgewachsen, dachte Kenneth, dass er alles getan hatte, um einen Platz im Himmel zu bekommen. Er hatte sein Leben Jesus übergeben, war getauft und seit seiner Geburt Mitglied der Kirche. Er war ein Gläubiger, und er wusste sicher, dass für ihn ein Platz im Himmel bereitet war. Es war für ihn ein richtiger Schock, als er im Alter von 15 Jahren eine Nahtoderfahrung hatte, die etwas anderes zeigte. Er fuhr aus seinem Körper und stieg hinab in eine Grube. Sie wurde umso heißer, je tiefer er kam. Er erkannte die Tore der Hölle und wurde von ihnen angezogen wie von einem Magneten. Eine unbekannte Kreatur erschien an seiner Seite und nahm ihn am Arm, um ihn durch die Tore zu führen. Er erkannte, dass er nicht zurückkehren könnte, wenn er einmal durchgegangen wäre. Als er so geführt wurde, erschütterte eine unbekannte, kräftige Stimme auf einmal alles. Daraufhin ließ ihn die unbekannte Kreatur los. Dann wurde er in seinen physischen Körper zurückgezogen.*[158]

In diesen Erlebnissen hat der Glaube konkret gerettet.

Gerechtes, selbstloses Handeln und gute Taten

Das eigene gute Handeln zu Lebzeiten spielt eine große Rolle in den Lebensfilmen der Nahtodberichte. Das Lichtwesen hebt im Lebensrückblick während des Sterbens die Bedeutung selbstlosen und gerechten Tuns hervor, wie in dem folgenden Bericht deutlich wird: *Alles, was ich je gedacht, getan, gesagt oder gehasst, wann immer ich geholfen oder nicht geholfen habe oder hätte helfen sollen, lief vor mir ab, Hunderte von Leuten, und alle waren wie im Film. Wie gemein ich zu anderen gewesen war, **wie ich ihnen hätte helfen können**, wie gemein ich (auch unabsichtlich) zu Tieren gewesen* *war! Ja! Sogar die Tiere hatten Gefühle gehabt. Es war schrecklich. Tief beschämt warf ich mich aufs Gesicht. Ich sah, wie das, was ich getan und was ich unterlassen habe, sich auf die ganze Welt auswirkt. Ich spürte unglaublich stark, dass ich meinen Erlöser im Stich gelassen hatte.*[159]

Auch nicht zu helfen, wenn man eigentlich helfen könnte, wird in der Lebensrückschau vor Augen geführt.

In der Bibel hebt Paulus in Römer 2,6–13 (GNB) die Bedeutung selbstlosen Handelns mit Blick auf die Ewigkeit hervor: *Dann wird Gott alle Menschen belohnen oder bestrafen, wie sie es* **mit ihren Taten verdient haben**. *Den einen gibt er unvergängliches Leben in Ehre und Herrlichkeit – es sind die, die sich auf das ewige Ziel hin ausrichten und unermüdlich das Gute tun. Die anderen trifft sein vernichtendes Gericht – es sind die, die nur an sich selbst denken, sich den Ordnungen Gottes widersetzen und dem Unrecht folgen. Über alle, die Böses tun, lässt Gott Not und Verzweiflung hereinbrechen. Denen aber, die das Gute tun, wird Gott ewige Herrlichkeit, Ehre und Frieden schenken. Dies beides gilt in erster Linie für die Juden, aber* **ebenso auch für die Menschen aus den anderen Völkern**. *Denn Gott ist ein unparteiischer Richter. ... Denn es genügt nicht, das Gesetz zu hören, um vor Gott als gerecht bestehen zu können.* **Nur wer auch tut, was das Gesetz verlangt, wird bei Gott Anerkennung finden.**

Im zuvor genannten Nahtodbericht wird auch der Aspekt der „unterlassenen Hilfeleistung" deutlich, d. h. die Situationen, in denen man hätte helfen können, es aber nicht getan hat, wurden ebenso vor Augen geführt. Hierzu gibt es eine Entsprechung in Matthäus 25,31–45 (EÜ). Unsere Taten – egal wem gegenüber wir freundlich, hilfsbereit oder mitfühlend sind oder eben nicht sind – betreffen offenbar immer auch Jesus persönlich: *Wenn der Menschensohn in seiner Herrlichkeit kommt, ... Dann werden die Gerechten antworten: Herr, wann haben wir dich hungrig gesehen und dir zu essen gegeben...? Darauf wird der König antworten:*

*Amen, ich sage euch: Was ihr für einen meiner geringsten Brüder getan habt, das habt ihr mir getan! .... **Was ihr einem dieser Geringsten nicht getan habt, das habt ihr auch mir nicht getan.***

Unser Gewissen, das allen Menschen eigen ist – unabhängig davon, ob sie Christen sind oder nicht – zeigt an, was gerechtes Handeln ist. Dieses Gewissen brennt, wenn wir merken, welchen Schmerz unser Handeln bei anderen bewirkt hat, wie ein anderer Nahtodbericht zeigt: *Ich sah alles, von meiner Geburt bis zum damaligen Zeitpunkt im Schnelldurchlauf. Währenddessen konnte ich alle Gefühle spüren, die mit diesen Ereignissen verbunden waren. **Ich konnte auch jeden Schmerz spüren, den ich anderen zugefügt hatte**, aber auch die Güte, die ich gegeben hatte.*[160]

In Römer 2,14–15 (GNB) wird auf unser Gewissen verwiesen, welches uns nachempfinden lässt, wie unser Verhalten auf andere wirkt: *Auch wenn die anderen Völker das Gesetz Gottes nicht haben, gibt es unter ihnen doch Menschen, die aus natürlichem Empfinden heraus tun, was das Gesetz verlangt. Ohne das Gesetz zu kennen, tragen sie es also in sich selbst. Ihr Verhalten beweist, dass ihnen **die Forderungen des Gesetzes ins Herz geschrieben sind, und das zeigt sich auch an der Stimme ihres Gewissens** und an den Gedanken, die sich gegenseitig anklagen oder auch verteidigen.*

Dass himmlische und irdische Maßstäbe bei der Beurteilung anderer sehr unterschiedlich sein können, wird nicht nur in der Bergpredigt deutlich; Matthäus 5,4 (HFA): *Freuen dürfen sich alle, die unter dieser heillosen Welt leiden – Gott wird ihrem Leid ein Ende machen.* sondern auch in folgendem Nahtoderlebnis von Betty Eadie: *Ihre Begleiter [Engel] zeigten ihr einen Betrunkenen, der auf dem Fußweg lag. Sie fragten sie, was sie sähe. Sie sah nur einen Betrunkenen, der sich im eigenen Dreck suhlte. Ihre Begleiter zeigten ihr, wer der Mann wirklich war. Sie eröffneten ihr, dass dieser Mann von Licht und Liebe erfüllt war und in der geistigen Welt dafür bewundert wurde, dass er andere Menschen daran erinnerte, wie nötig es sei, anderen zu helfen.*[161]

Gott behüte uns davor, andere gering zu achten.

Gute Werke sind wichtig. In Johannes 5,29–30 (EÜ) sagt Jesus: **Die das Gute getan haben**, *werden zum Leben auferstehen, die das Böse getan haben, zum Gericht.* Die das Gute getan haben, werden zum Leben auferstehen, steht auch in Matthäus 16,27 (EÜ): *Der Menschensohn wird mit seinen Engeln in der Hoheit seines Vaters wiederkommen und jedem Menschen vergelten,* **wie es seine Taten verdienen**. Auch in Markus 9,41 (EÜ) wird ein gerechter Lohn für gute Taten und Werke versprochen: *Wer euch auch nur einen Becher Wasser zu trinken gibt, weil ihr zu Christus gehört – Amen, ich sage euch: Er wird nicht um seinen Lohn kommen.*

Aus wiederholten guten Taten wird Gewöhnung, aus Gewöhnung wird unsere Grundhaltung. Und unsere Haltung ist die Prägung unserer Seele. Mit ihr gehen wir in den Himmel ein. Freundlichkeit, Hilfsbereitschaft, Mitgefühl sind Eigenschaften, die aus Taten erwachsen und die mit Taten bekräftigt werden.

In der Theologie gibt es einen Streit darüber, ob es unsere Werke oder unser Glaube ist, der uns selig macht. Aber in der Bibel gibt es Aussagen, die die Wichtigkeit beider Aspekte, des Tuns und des Glaubens, belegen. Erst das Tun macht den Glauben praktisch und führt zu einer neuen Haltung, die unsere Seele dereinst mitnehmen wird.

In Nahtodberichten wird oft geschildert, dass bei der Lebensrückschau das Lichtwesen an den Stellen, an denen man selbst falsch gehandelt hat, auch litt (siehe S. 104ff). Ebenso wird der Aspekt der „unterlassenen Hilfeleistung" in der Lebensrückschau hervorgehoben – nicht geholfen zu haben, wo man hätte helfen können und müssen, wiegt genauso schwer, wie selbst böse gehandelt zu haben, so im Bericht von Cecil: *Auf die Frage, wie man rich-*

tig von falsch unterscheiden könnte, antwortete das Lichtwe-sen: „Richtig ist: zu helfen und freundlich zu sein. Falsch ist: nicht nur, andere zu verletzen, sondern auch, nicht zu helfen, wenn man helfen könnte."[162]

Auch dieses Prinzip ist biblisch. In Jakobus 4,17 (GNB) steht: **Wer die Zeit und die Mittel hat, Gutes zu tun, und es nicht tut, macht sich schuldig.**

Die Lebensrückschau in Nahtodberichten zeigt nicht nur das Leben wie einen Film, sondern vor allem auch das Wirken der eigenen Handlungen auf Mitmenschen; welche Gefühle ihr Handeln bei ihren Nächsten ausgelöst haben. Taten, die gute Gefühle bei anderen bewirkt haben, Taten aus Liebe oder Barmherzigkeit spielen eine sehr große Rolle. Es anderen besser gehen zu lassen, ist mit Blick auf das ewige Leben besonders wichtig. Dabei können es ganz einfache Dinge und Taten sein, wie folgender Nahtodbericht zeigt: *Die folgende Begebenheit ... ereignete sich im September 1944 in der Schlacht um Arnheim. Ich war erstaunt darüber, dass ich nur einen einzigen Deutschen wie-dersah. Einen deutschen Soldaten, der sich auf dem Schlachtfeld zunächst einen Kampf mit einem englischen Soldaten geliefert hatte, in dem beide so schwer verwundet worden waren, dass sie unmittelbar nacheinander starben. Er schenkte mir sein Ei-sernes Kreuz, das ich erstaunlicherweise mein Leben lang auf-bewahren konnte. Er gab es mir, weil ich ihn an der letzten Zi-garette seines englischen Gegners ziehen ließ. Diese Handlung, dass ich ihn rauchen ließ, wurde mir als gute Tat ausgelegt, und das verstehe ich eigentlich nicht, denn ich tat es nur auf Befehl beziehungsweise Bitte des Engländers. Ich hätte den Deutschen am liebsten in seinem Blut ersticken sehen. Ich will mit diesem Beispiel nur zeigen, dass man dort oben anders urteilt als hier unten.*[163]

Jesus sagt, dass die Liebe erst durch das Tun und Handeln wirklich wird. Eine rein gefühlsbasierte Liebe ist unrea-listisch – erst die tätige Liebe ist real. Die Motive des Tuns treten hinter den Fakt der Tat zurück, wie das vorige Beispiel zeigt. Besonders deutlich wird dies in der Bibel an der Stelle, wo Jesus zu praktischem, liebendem Handeln auch entgegen üblicher Motive auffordert, damit die Liebe real wird. In Matthäus 5,41–45 (EÜ) fordert Jesus: *Und wenn dich einer zwingen will, eine Meile mit ihm zu gehen, dann geh zwei mit ihm. Wer dich bittet, dem gib, und wer von dir borgen will, den weise nicht ab. Ihr habt gehört, dass gesagt worden ist: Du sollst deinen Nächsten lieben und deinen Feind hassen. Ich aber sage euch: Liebt eure Feinde und betet für die, die euch verfolgen, damit ihr Söhne eures Vaters im Himmel werdet.*

Worte allein, ohne die Liebe und ohne die Taten, die gute Frucht bringen, führen nicht zum ewigen Leben, wie in Matthäus 7,16 zu lesen ist: *An ihren Früchten werdet ihr sie erkennen. Erntet man etwa von Dornen Trauben oder von Disteln Feigen?* Im Jakobusbrief 2,14–19 (EÜ) wird geheuchelter Glaube ohne Taten entlarvt: *Meine Brüder, was nützt es, wenn einer sagt, er habe Glauben, aber es fehlen die Werke? Kann etwa der Glaube ihn retten? Wenn ein Bruder oder eine Schwester ohne Kleidung ist und ohne das tägliche Brot und einer von euch zu ihnen sagt: Geht in Frieden, wärmt und sättigt euch! Ihr gebt ihnen aber nicht, was sie zum Leben brauchen - was nützt das? So ist auch der Glaube für sich allein tot, wenn er nicht Werke vorzuweisen hat. Nun könnte einer sagen: Du hast Glauben, und ich kann Werke vorweisen; zeig mir deinen Glauben ohne die Werke, und ich zeige dir meinen **Glauben aufgrund der Werke**. Du glaubst: Es gibt nur den einen Gott. Damit hast du Recht; das glauben auch die Dämonen, und sie zittern.*

Außerdem gibt es, wie bereits ausgeführt, das biblische Prinzip, dass gute Taten nach der eigenen Potenz, also nach seinem eigenen Vermögen, seinen eigenen Fähigkeiten und Möglichkeiten erwartet werden. Wer also viel vermag, sei es durch Geldvermögen oder durch gottgegebene Talente, der ist auch gefordert, viel Gutes zu tun. Gottes Maßstäbe richten sich nach den individuellen Möglichkeiten. In der folgenden Begebenheit würdigt Jesus das Verhalten einer armen Witwe in Lukas 21,1–4 (EÜ): *Er blickte auf und sah, wie die Reichen ihre Gaben in den Opferkasten legten. Dabei sah er auch eine arme Witwe, die zwei kleine Münzen hineinwarf. Da sagte er: Wahrhaftig, ich sage euch: Diese arme Witwe hat mehr hineingeworfen als alle anderen.* **Denn sie alle haben nur etwas von ihrem Überfluss geopfert; diese Frau aber, die kaum das Nötigste zum Leben hat, sie hat ihren ganzen Lebensunterhalt hergegeben.**

Das eigene Tun wird bezogen auf die eigenen Möglichkeiten. Der Euro der armen Witwe ist eben nicht zu vergleichen mit dem Euro des Millionärs. Gottes Urteil geht nie nach dem Stand oder Rang oder dem Ansehen nach Menschenmaßstäben, das man auf Erden erlangt hat, sondern immer nach der Fülle der guten Taten entsprechend der eigenen Möglichkeiten; 1 Petrus 1,17 (EÜ): *Und wenn ihr den als Vater anruft,* **der jeden ohne Ansehen der Person nach seinem Tun beurteilt**, *dann führt auch, solange ihr in der Fremde seid, ein Leben in Gottesfurcht.*

Gott würdigt unsere Bemühungen und unseren Einsatz für andere. Besitz und Ansehen spielen keine Rolle in der Lebensrückschau, wie auch in Matthäus 16,26–27 (GNB) steht: *Was hat ein Mensch davon, wenn er die ganze Welt gewinnt, aber zuletzt sein Leben verliert? Womit will er es dann zurückkaufen? Denn der Menschensohn wird in der Herrlichkeit seines Vaters mit seinen Engeln kommen.* **Dann wird er allen vergelten nach ihrem Tun.**

Und wenn es mit den Werken nicht so gut klappt, dann bleibt noch die Vergebung und Gnade Gottes. Mit der Beziehung zu Gott hat man immer wieder die Chance auf die Vergebung der Sünden. Die schlechten Werke werden verziehen, wenn man aufrichtig bereut und Gott darum bittet. Dass Gottes Liebe dieses brennende Gewissen angesichts der quälenden Erkenntnis mangelnder guter Taten löschen und einen Menschen völlig verwandeln kann, erfuhr Daniel Rosenblit[164] in seinem Nahtoderlebnis. Im Angesicht von Gottes Liebe bedauert er sein selbstgerechtes Handeln und seine überhebliche Art religiösen Menschen gegenüber. Sein Lebensrückblick zeigt jeden Gedanken, jedes Wort und jede seiner Taten. Er erkennt, dass er sein Leben zumeist für sich allein gelebt hat. Gott gießt eine große Menge Liebe in sein Herz, die ihn tröstet und ermutigt, und vergibt ihm. Die nächsten 10 Jahre hat Daniel Rosenblit als Straßenprediger gewirkt.

Loslassen und Vergeben

In vielen Nahtodberichten werden zwei Dinge deutlich: Zum ersten bleiben Menschen, die zu Lebzeiten anderen Menschen nicht vergeben haben, auch nach ihrem Tod an ihre Schuldiger gebunden. Gerade im erdgebundenen Bereich wird über verlorene Seelen berichtet, die noch lebenden Menschen nachlaufen und sie mit Vorwürfen überhäufen (siehe S. 70). Vergebung bedeutet folglich auch Loslösung und damit Befreiung von einem erfahrenen Unrecht. Sonst zieht einen derjenige, der Unrecht an einem selbst getan hat, mit ins Verderben.

Zum zweiten wird berichtet, dass man selbst bei der Lebensrückschau seine eigenen Taten beurteilt und davon ergriffen wird. Im Erkennen der eigenen Schuld und des durch einen selbst verursachten Leides anderer wird man sich der eigenen Unwürdigkeit bewusst. Es ist möglich, dass man dann nicht erwartet, selbst Vergebung zu erfahren. Der himmlische Vater steht mit geöffneten Armen da, aber wir sprechen möglicherweise ein viel strengeres Urteil über uns selbst.

In der Bibel heißt es in Matthäus 6 und in Lukas 6: Nur wenn ihr vergebt, genau dann wird auch euer Vater im Himmel euch auch vergeben. Dies ist eine Verheißung und Mahnung zugleich; Matthäus 6,14–15 (EÜ): *Wenn ihr den andern vergebt, was sie euch angetan haben, **dann** wird euer Vater im Himmel euch auch vergeben. Wenn ihr aber den andern nicht vergebt, dann wird euer Vater euch eure Verfehlungen auch nicht vergeben.*

Vergleichbares gilt auch für das Verurteilen, das Richten und das Loslassen, so in Lukas 6,36–37 (ELB): *Seid nun barmherzig, wie auch euer Vater barmherzig ist! Und richtet nicht, und ihr werdet nicht gerichtet werden; und verurteilt nicht, und ihr werdet nicht verurteilt werden. Lasst los, und ihr werdet losgelassen werden.*

Bei der Frage, wie oft man vergeben soll, antwortet Jesus in Matthäus 18,21–22 (siehe auch S. 132), dass es nicht bis zu siebenmal, sondern bis zu siebenmal siebzigmal ist. Man soll erfahrendes Unrecht folglich bis zu 490mal immer wieder vergeben, bis es keine Macht mehr über einen hat und nicht mehr an einem nagen kann. In der DaBhaR-Übersetzung der Bibel wird statt der eher freundlichen Formulierung „Wie oft soll ich vergeben?" deutlich schärfer mit „verpflichtet sein, es ihm zu erlassen" übersetzt; Matthäus 18,21–22 (DaBhaR): *Herr, wie oft, falls in Richtung auf mich mein Bruder verfehlen wird, werde ich auch **verpflichtet sein, es ihm zu erlassen**? Ist's bis zu siebenmal? Jesus sagt zu ihm: Ich sage dir: nicht bis zu siebenmal, sondern bis zu siebzigmal sieben.*

Im sich an Matthäus 18,21–22 anschließenden Gleichnis vom hartherzigen Schuldner hält uns Jesus einen Spiegel vor Augen. Während Gott uns häufig vergibt, gelingt es uns oft nicht, demjenigen, der uns verletzt hat, seine Schuld tief und ehrlich zu vergeben; Matthäus 18,23–35 (EÜ): *Mit dem Himmelreich ist es deshalb wie mit einem*

*König, der beschloss, von seinen Dienern Rechenschaft zu ver-
langen. Als er nun mit der Abrechnung begann, brachte man
einen zu ihm, der ihm zehntausend Talente schuldig war.[165]
Weil er aber das Geld nicht zurückzahlen konnte, befahl der
Herr, ihn mit Frau und Kindern und allem, was er besaß, zu
verkaufen und so die Schuld zu begleichen. Da fiel der Diener
vor ihm auf die Knie und bat: Hab Geduld mit mir! Ich werde
dir alles zurückzahlen. Der Herr hatte Mitleid mit dem Diener,
ließ ihn gehen und schenkte ihm die Schuld. Als nun der Diener
hinausging, traf er einen anderen Diener seines Herrn, der ihm
hundert Denare schuldig war.[166] Er packte ihn, würgte ihn und
rief: Bezahl, was du mir schuldig bist! Da fiel der andere vor
ihm nieder und flehte: Hab Geduld mit mir! Ich werde es dir
zurückzahlen. Er aber wollte nicht, sondern ging weg und ließ
ihn ins Gefängnis werfen, bis er die Schuld bezahlt habe. Als die
übrigen Diener das sahen, waren sie sehr betrübt; sie gingen zu
ihrem Herrn und berichteten ihm alles, was geschehen war. Da
ließ ihn sein Herr rufen und sagte zu ihm: Du elender Diener!
Deine ganze Schuld habe ich dir erlassen, weil du mich so an-
gefleht hast. Hättest nicht auch du mit jenem, der gemeinsam
mit dir in meinem Dienst steht, Erbarmen haben müssen, so
wie ich mit dir Erbarmen hatte? Und in seinem Zorn übergab
ihn der Herr den Folterknechten, bis er die ganze Schuld bezahlt
habe. Ebenso wird mein himmlischer Vater jeden von euch be-
handeln, der seinem Bruder nicht von ganzem Herzen vergibt.*
Selbst Jesus letzte Worte zeugen von der Wichtigkeit des
Vergebens. Noch am Kreuz bittet Jesus unseren himmlischen Vater um Vergebung für seine Mörder, siehe Lukas
23,33–34 (EÜ): *Sie kamen zur Schädelhöhe; dort kreuzigten sie
ihn und die Verbrecher, den einen rechts von ihm, den andern
links. Jesus aber betete:* **Vater, vergib ihnen, denn sie wissen
nicht, was sie tun.**

Positive Gedanken und bedachte Worte

In vielen auch bereits zitierten Nahtodberichten (siehe S. 82f) ist jeder Gedanke, jedes Wort und jede Tat im Leben Bestandteil der Lebensschau. Gedanken und Worte spielen folglich eine wichtige Rolle beim Eingang in den Himmel.

In der Bibel sagt Jesus in Matthäus 12,36–37 (EÜ): *Ich sage euch: Über jedes unnütze Wort, das die Menschen reden, werden sie am Tag des Gerichts Rechenschaft ablegen müssen; denn aufgrund deiner Worte wirst du freigesprochen und aufgrund deiner Worte wirst du verurteilt werden.*

Kein Denken und kein Reden bleiben unbemerkt (siehe S. 112), sondern werden in der Lebensrückschau bewertet. Das Lichtwesen kennt jedes gesprochene Wort aus dem ganzen eigenen Leben. In Lukas 12,2–3 (EÜ) steht: *Es ist aber nichts verdeckt, was nicht aufgedeckt, und nichts verborgen, was nicht erkannt werden wird; deswegen wird alles, was ihr in der Finsternis gesprochen haben werdet, im Licht gehört werden, und was ihr ins Ohr gesprochen haben werdet in den Kammern, wird auf den Dächern ausgerufen werden.*

Auch Petrus ermahnt in 1 Petrus 3,8–10 (EÜ) zu freundlichen Worten: *Endlich aber: seid alle eines Sinnes, voll Mitgefühl und brüderlicher Liebe, seid barmherzig und demütig! Vergeltet nicht Böses mit Bösem noch Kränkung mit Kränkung! Stattdessen segnet; denn ihr seid dazu berufen, Segen zu erlangen. Es heißt nämlich: Wer das Leben liebt und gute Tage zu sehen wünscht, der bewahre seine Zunge vor Bösem und seine Lippen vor falscher Rede.*

Für George Rodonaia hatten freundliche Gedanken in seiner Nahtoderfahrung noch eine ganz andere Bedeutung. Nachdem er seinen Körper verlassen hat, ist er in vollkommener Dunkelheit. Erst durch positive Gedanken erscheint ein helles Licht, wodurch es ihm schließlich gelang, aus der ihn umgebenden vollkommenen Dunkelheit zu entkommen.[167]

Beziehungen leben, bedingungslos lieben

In vielen Nahtodberichten wird deutlich, dass die Liebe, die wir zu Lebzeiten geschenkt haben, in Ewigkeit zählt. Die Liebe zum Nächsten, zu uns selbst und zu Gott. Rückblickend ist bei vielen Nahtoderfahrenen nach ihrem Erlebnis wichtiger geworden, eigene Gefühle zu zeigen, der Wunsch, anderen zu helfen, ist deutlich gewachsen, und sie zeigen mehr Liebe und mehr Mitgefühl mit anderen.[168] Diese Veränderung resultiert aus der während des Nahtoderlebnisses empfundenen unbeschreiblich großen Liebe. Dazu schreibt z. B. René Jorgensen in seiner Nahtoderfahrung: *Ich badete im transparenten Licht von etwas so Mächtigem, so Unbeschreiblichem, dass dagegen alle Worte verblassen und ungeeignet erscheinen… Ich verschmolz mit einem Gefühl von Liebe, das hundert oder vielleicht tausendmal stärker war als alles, was ich bisher in dieser Hinsicht empfunden hatte. Wieder zu erkennen, dass meine wahre Natur grenzenlose Liebe ist, war die stärkste und überwältigendste Entdeckung meines Lebens.* Hier wird dem Nahtoderfahrenden ermöglicht, wie auch Jesus mit der ganzen Welt zu fühlen: *Ich sah all die armen Menschen und alle Menschen, die im Elend leben. Ich sah alle Konflikte und Kriege auf der Welt. Mein Herz konnte das Leid der ganzen Welt nicht aufnehmen. In einer extrem intensiven Empfindung fühlte ich, wie es mein Herz buchstäblich zerriss. Der Schmerz war so groß, dass ich ihn nicht ertragen konnte.*[169]

Ihm wurde bewusst, dass er kein Zuschauer mehr sein konnte, der unbeteiligt das Leid von Menschen zur Kenntnis nahm. Er erkannte, dass unsere wahre Natur grenzenlose Liebe ist. Auch dieses Liebesgebot ist absolut biblisch, wie folgende Bibelstellen zeigen: 1 Korinther 13, 2 (EÜ): *Und wenn ich prophetisch reden könnte und alle Geheimnisse wüsste und alle Erkenntnisse hätte; wenn ich alle*

Glaubenskraft besäße und Berge damit versetzen könnte, hätte aber die Liebe nicht, dann wäre ich nichts. Und weiter wird in 1 Korinther 13,13 (EÜ) bekräftigt: *Für jetzt bleiben Glaube, Hoffnung, Liebe, diese drei; doch am größten unter ihnen ist die Liebe.*

Einen Glauben ohne Liebe gibt es nicht. Folglich kann sich der Gläubige bereits im Licht wähnen, wandelt in Wahrheit aber noch in der Dunkelheit, wie in 1 Johannes 2,9–10 (HFA) geschrieben steht: *Wenn nun jemand behauptet, in diesem Licht zu leben, hasst aber seinen Bruder oder seine Schwester, dann lebt er in Wirklichkeit immer noch in der Finsternis. Nur wer seine Geschwister liebt, der lebt wirklich im Licht.*

Auch in 1 Johannes 3,10 (HFA) wird deutlich, dass Liebe untrennbar mit der Gotteskindschaft verbunden ist: *Daran kann also jeder erkennen, wer ein Kind Gottes oder wer ein Kind des Teufels ist. Alle, die Unrecht tun und ihren Bruder oder ihre Schwester nicht lieben, sind niemals Gottes Kinder.*

Dabei ist der Maßstab hoch: wir sollen selbst unsere Feinde selbstlos lieben, wie in Lukas 6,35 (HFA) steht: *Ihr aber sollt eure Feinde lieben und den Menschen Gutes tun. Ihr sollt ihnen helfen, ohne einen Dank oder eine Gegenleistung zu erwarten. Dann werdet ihr reich belohnt werden: Ihr werdet Kinder des höchsten Gottes sein. Denn auch er ist gütig zu Undankbaren und Bösen.*

Diese selbstlose Liebe, wem auch immer sie gilt, dem Partner, Freunden, Kollegen, fremden Menschen oder sogar den Feinden, wird auch in der Lebensrückschau im Nahtoderlebnis am höchsten bewertet (siehe S. 116). Jesus sagt in Matthäus 5,44–47 (ELB): *Ich aber sage euch:* **Liebt eure Feinde und betet für die, die euch verfolgen**, *damit ihr Söhne eures Vaters im Himmel werdet; denn er lässt seine Sonne aufgehen über Bösen und Guten, und er lässt regnen über Gerechte und Ungerechte. Wenn ihr nämlich nur die liebt, die euch lieben, welchen Lohn könnt ihr dafür erwarten? Tun* *das nicht auch die Zöllner? Und wenn ihr nur eure Brüder grüßt, was tut ihr damit Besonderes? Tun das nicht auch die Heiden? Ihr sollt also vollkommen sein, wie es auch euer himmlischer Vater ist.* Und für das Besondere der bedingungslosen Liebe haben wir nur unsere Zeit auf der Erde.

Bitten, annehmen und danken

Eine weitere Lehre aus den Nahtoderfahrungen in Übereinstimmung mit der Bibel ist, zu Lebzeiten das Bitten, Annehmen und Danken zu üben. Wer nicht bittet, der erwartet nicht, oder er ist stolz. In den Nahtodberichten wurden Seelen beschrieben, die mit dem Blick nach unten in der Dunkelheit das Licht über ihnen nicht wahrgenommen haben (siehe S. 77), und Seelen, die sich nicht an Jesus wandten. Wer zu Lebzeiten übt, zum himmlischen Vater, aber auch zu seinen Nächsten hin zu bitten, dem wird diese Eigenschaft erhalten bleiben.

Das Annehmen will ebenso geübt sein. Viele Menschen sträuben sich, ein Geschenk anzunehmen. Auch ich habe andere vor den Kopf gestoßen, als ich ihre liebevoll ausgesuchten Geschenke zurückgewiesen habe. Dies ist – auch wenn es aus scheinbar edlen Motiven heraus geschieht – letztlich nur eine andere Form von Lieblosigkeit und Stolz. In den Nahtoderlebnissen wird deutlich, wie nötig wir Gottes überreiche Liebe haben, wie nötig seine Vergebung ist, dass wir nur gut daran tun, sie zu Lebzeiten einzuüben und nicht nur Gottes Geschenke, sondern auch die unserer Mitmenschen anzunehmen und auch ihnen damit eine Freude machen.

Später befragte Nahtoderfahrene sagen, dass sie es seit ihrer Erfahrung besser gelernt haben, den Wert alltäglicher Dinge zu schätzen.[170] Vieles, was wir hier für gegeben annehmen, ist der Liebe unseres himmlischen Vaters geschuldet. Engel mühen sich um uns, und Gutes ist kein Produkt des Zufalls.

Dieses Wissen und das Einüben des Bittens und des Dankens helfen uns, dereinst unseren Retter zu erkennen und uns zu trauen, uns ihm zu nahen. So ermöglicht eine an Gott gerichtete Bitte im folgenden Bericht von Dennis noch eine zweite Chance: *Ich lag auf meinem Bett, und urplötzlich wurde ich von mir selbst entfernt. Ich war unter der Zimmerdecke und schaute auf diesen dünnen, zerbrechlichen Körper hinunter und erkannte zum ersten Mal, wie krank ich wirklich war. Dann begann der Raum immer dunkler und dunkler zu werden. Es war wie ein Fehlen, eine Abwesenheit von jeglichem Leben, von allem Licht. Ich fühlte mich in der Dunkelheit gefangen, so als würde ein Gewicht mich runterdrücken. Es war wirklich der Zustand, den ich als Hölle zu bezeichnen gelernt hatte, als ich Kind war. Unmittelbar bevor es vollständig dunkel wurde, schaute ich auf mein Leben zurück. Es waren vorwiegend Dinge, derentwegen ich von mir selbst enttäuscht war. Es war wie ein Schnelldurchlauf. Ich merkte, dass nicht die einzelnen Szenen wichtig waren, sondern dass es darum ging, mich fühlen zu lassen, welch eine Vergeudung das alles gewesen war. So wie: Mann, da ist ja überhaupt nichts! Dann sah ich, wie sich diese schwarzen Teile zu bewegen begannen. Ich erkannte sie als Silhouetten, Schatten von Menschen, und ich konnte Ketten rasseln hören. Und ich hörte Stöhnen und bekam eine fürchterliche Angst.*

Ich dachte, es wären meine Vorfahren, die mich holen wollten, und ich wollte nicht gehen. Inmitten dieses Geschehens flackerte ein kleines Licht auf, wie die Flamme einer kleinen Geburtstagskerze. Jemand sagte mir, ich solle nicht in die Dunkelheit schauen, sondern nur auf das Licht. Und ich sagte: Gott, ich bin bereit zu gehen, wenn Du das willst, aber ich habe so ein nutzloses Leben geführt, dass ich gerne noch die Chance hätte, es in Ordnung zu bringen – und an diesem Punkt kam es wie ein Schwert durch die Kerze nach oben, durch das flackernde Licht, und der ganze Raum war auf einmal hell erleuchtet. Ich fiel in meinen Körper zurück und hörte die Ärzte und Schwestern sagen: Er lebt! [171]

Wahr, treu und echt sein

Die Nahtoderfahrungen zeigen, dass es im Himmel kein Verstecken und kein Verstellen gibt. Jeder Gedanke ist offenbar, als wäre er laut ausgesprochen (siehe S. 54). Auch in der Bibel steht, dass nichts verborgen bleiben wird. Falschheit gibt mit Blick auf den Himmel keinen Sinn, alles wird offenbar werden; Lukas 8,17 (EÜ): *Es gibt nichts Verborgenes, das nicht offenbar wird, und nichts Geheimes, das nicht bekannt wird und an den Tag kommt.*

Jesus sagt in Matthäus 5,34-37 (EÜ) weiter, dass wir wahrhaft reden und nicht schwören sollen: *Ich aber sage euch: Schwört überhaupt nicht, weder beim Himmel, denn er ist Gottes Thron, noch bei der Erde, denn sie ist der Schemel für seine Füße, noch bei Jerusalem, denn es ist die Stadt des großen Königs. Auch bei deinem Haupt sollst du nicht schwören; denn du kannst kein einziges Haar weiß oder schwarz machen. Euer Ja sei ein Ja, euer Nein ein Nein; alles andere stammt vom Bösen.* Gott kennt unsere vielen falschen Versprechen und unerfüllten Vorhaben, wie im Nahtoderlebnis von Howard Pittman deutlich wird: *Er wurde von den Engeln noch einmal an das Tor begleitet und brachte seinen Fall noch einmal vor Gott. Er versprach, es das nächste Mal besser zu machen. Doch Gott erinnert ihn, dass er dies schon mal versprochen hat. Ihm werden alle Versprechen an Gott vor Augen geführt, die er nicht gehalten hat.* [172]

Besser ist es, reinen Herzens und wahrhaft zu sein, denn in Matthäus 5,8 (HFA) heißt es: *Freuen dürfen sich alle, die im Herzen rein sind – sie werden Gott sehen.* Bei Gott gelten andere Maßstäbe, wie in den beiden Nahtoderfahrungen deutlich wird, in der jemandem positiv angerechnet wurde, dass er einen Sterbenden an einer Zigarette ziehen ließ (siehe S. 116) oder in der die Bedeutung des Betrunkenen durch die Engel hervorgehoben wurde (siehe S. 114). Manches, das in Wahrheit, Treue und Echtheit erbracht, von uns aber klein geachtet wird, ist in Gottes Plan der Liebe wichtig und wesentlich.

Andersherum haben Gleichgültigkeit und Falschheit keinen Platz in Gottes Plan. Wir sollen unsere Lebenszeit hier auf der Erde nutzen, um zu lieben und zu helfen. In Offenbarung 3,14–17 (EÜ) wird deutlich, wie Selbstzufriedenheit und Gleichgültigkeit gering von Gott geachtet werden: *An den Engel der Gemeinde in Laodizea schreibe: So spricht Er, der «Amen» heißt, der treue und zuverlässige Zeuge, der Anfang der Schöpfung Gottes: Ich kenne deine Werke.* **Du bist weder kalt noch heiß.** *Wärest du doch kalt oder heiß! Weil du aber lau bist, weder heiß noch kalt, will ich dich aus meinem Mund ausspeien. Du behauptest: Ich bin reich und wohlhabend und nichts fehlt mir. Du weißt aber nicht, dass gerade du elend und erbärmlich bist, arm, blind und nackt.* Trotzdem gibt Gott auch hier noch eine Chance, sich aufzumachen und sich zu ändern. Gott ist geduldig. Dagegen schätzt Gott Treue und Aufrichtigkeit sehr, wie in Offenbarung 3,8 (EÜ) deutlich wird: *Ich kenne deine Werke, und ich habe vor dir eine Tür geöffnet, die niemand mehr schließen kann. Du hast nur geringe Kraft, und dennoch hast du an meinem Wort festgehalten und meinen Namen nicht verleugnet.*

Friedfertig, demütig und kindlich sein

In der Bergpredigt preist Jesus selig und zeigt damit, wer ein Anrecht auf das Himmelreich hat; Matthäus 5,3–9 (EÜ): *Er sagte: Selig, die arm sind vor Gott; denn ihnen gehört das Himmelreich. Selig die Trauernden; denn sie werden getröstet werden. Selig, die **keine Gewalt anwenden**; denn sie werden das Land erben. Selig, die hungern und dürsten nach der **Gerechtigkeit**; denn sie werden satt werden. Selig die **Barmherzigen**; denn sie werden Erbarmen finden.*
*Selig, die ein **reines Herz** haben; denn sie werden Gott schauen. Selig, die **Frieden stiften**; denn sie werden Söhne Gottes genannt werden.*

Die Schwachen und Treuen, die Friedfertigen, Demütigen und Gerechten sind es, für die der Himmel bereit ist. Sich selbst als Kind Gottes zu erkennen in aller Unvollkommenheit und Schwäche, ist ein erster Schritt in seine geöffneten Arme. In Jakobus 3,13–18 (GNB) wird weiter ausgeführt: *Will jemand unter euch als klug und weise gelten? Dann zeige er das in der ganzen Lebensführung, mit der Bescheidenheit, die den Weisen ansteht! Wenn ihr dagegen bittere Eifersucht und Streit in euren Herzen hegt, dann rühmt euch nicht eurer Weisheit und verdreht damit die Wahrheit! Diese Art von Weisheit kommt nicht von oben, sie ist irdisch, sinnlich und teuflisch. Wo Eifersucht und Streit herrschen, gibt es Unordnung und jede Art von Gemeinheit. Aber die Weisheit von oben ist zuerst einmal rein und klar; sodann ist sie friedliebend, freundlich, nachgiebig. Sie ist voller Erbarmen und bringt viele gute Taten hervor. Sie kennt weder Vorurteil noch Verstellung. Die Saat der Gerechtigkeit, von Gott gesät, geht nur bei denen auf, die auf Frieden aus sind, und nur bei ihnen bringt sie Frucht.*

Auch in den Nahtodberichten war keiner stolz auf seine eigenen Siege oder Erfolge, keine Karriere oder kein gewonnener Gerichtsprozess, kein dickes Bankkonto und keine Besitztümer spielten eine Rolle bei der Lebensrück-schau. Weder Kriege oder Schlachten noch Macht waren Inhalt der Gespräche mit dem Lichtwesen. Dagegen wurden in den Berichten kindliche Geborgenheit, ein Gefühl des Nach-Hause-Kommens und des Geliebt-Werdens beschrieben. Letztlich wurden viele Gefühle beschrieben, die gewöhnlich mit dem Kind-Sein verbunden werden.

Und mit dieser Prägung einer friedfertigen, vertrauenden und kindlichen Seele steht die Himmelspforte offen, so wie Jesus in Matthäus 18,3–5 (EÜ) sagte: *Wenn ihr nicht umkehrt und wie die Kinder werdet, könnt ihr nicht in das Himmelreich kommen. Wer so klein sein kann wie dieses Kind, der ist im Himmelreich der Größte. Und wer ein solches Kind um meinetwillen aufnimmt, der nimmt mich auf.*

Kinder haben gemäß der Bibel einen Schutzengel mit einem direkten Draht zu Gott; Matthäus 18,10–11 (LUT): *Seht zu, dass ihr nicht einen von diesen Kleinen verachtet. Denn ich sage euch: Ihre Engel im Himmel sehen allezeit das Angesicht meines Vaters im Himmel.*

Während sich nur 20 bis 25 Prozent der Erwachsenen an ein Nahtoderlebnis erinnern können, sind es bei Kindern bis zu 85 Prozent. Nahtoderlebnisse bei jüngeren Kindern sind durchweg positiv.

Jesus sagt, dass den Kindern der Himmel gehört – und Menschen, die wie Kinder sein können, in Matthäus 18,14 (LUT): *So ist's auch nicht der Wille bei eurem Vater im Himmel, dass auch nur eines von diesen Kleinen verloren werde*; und in Matthäus 19,14 (EÜ): *Doch Jesus sagte: Lasst die Kinder zu mir kommen; hindert sie nicht daran! Denn Menschen wie ihnen gehört das Himmelreich.*

9. An der Himmelspforte

Wer kommt in den Himmel?

Es gibt ein Leben nach dem Tod, und dieses kann paradiesisch schön sein. Der Mensch hat eine Seele, und diese scheint nach allen bekannten Berichten auch nach dem irdischen Tod weiter zu existieren. In der Bibel wie auch in den Nahtodberichten ähneln sich die Schilderungen von Himmel und Seele.

Es gibt positive und negative Nahtodberichte. Auch wenn die positiven Erfahrungen in Nahtodberichten überwiegen, so gibt es unzweifelhaft auch die Berichte, die in Dunkelheit und Verzweiflung handeln. Da diese Erlebnisse sehr traumatisch sind, kann es durchaus sein, dass die überwiegende Mehrheit der reanimierten Personen, die sich an keine Erlebnisse erinnern kann, diese traumatischen Erlebnisse verdrängt hat. So schreibt z. B. Storm: *Ich habe nicht alles beschrieben, was dort passiert ist. Es gibt einige Dinge, an die ich nicht zurückdenken möchte. Tatsächlich ist es so, dass vieles von dem, was mir dort widerfahren ist, zu schrecklich und verstörend ist, um es wiederzugeben. Ich habe jahrelang versucht, vieles von dem zu verdrängen. Noch lange nach diesem Erlebnis spüre ich eine tiefe Traumatisierung, wann immer ich mich an die Einzelheiten erinnere.* [173]

Daher besteht trotz der Mehrzahl positiver Nahtodberichte durchaus die Möglichkeit, dass dennoch viele der Gestorbenen nicht „in den Himmel kommen" und entweder in einer Art „Schlafzustand" verharren oder in nicht-himmlische Bereiche gelangen. Dies ergäbe nach biblischer Aussage auch Sinn, schließlich scheint die Pforte zum Himmel eng und der Weg des Verderbens breit zu sein (Matthäus 7,13) bzw. leichter ein Kamel durch ein

Nadelöhr zu gehen, als dass ein Reicher in den Himmel kommt (Markus 10,25; Matthäus 19,24; Lukas 18,25).

Nun stellt sich die Frage, wer in den Himmel eingelassen und wer „draußen bleiben" wird. In vielen Nahtodberichten und Bibelstellen wird deutlich, dass nicht ein rachsüchtiger Gott uns bestrafen will, sondern dass eigene Schuld, eigene Gedanken und das Gebundensein in irdischen Belangen und im eigenen Seelenzustand Menschen hindert, in den Himmel zu gelangen, und sie daher in einer „Hölle" verharren (siehe S. 87). Wie wäre sonst eine solche Höllen-Strafe mit einem so bedingungslos liebenden, immer wieder vergebenden Gott zu vereinbaren, wie er nicht nur im Neuen Testament, sondern auch in den Nahtodberichten beschrieben wird? Gott ist die Liebe (1 Johannes 4,8). Kann Gott gleichzeitig die Liebe sein und auf ewig verdammen?

Suse Pfeiffer schreibt rückblickend auf ihr Nahtoderlebnis: *Ich war am Saum der Liebe Gottes, und was ich da erfahren habe, hat das ganze Universum ausgefüllt. Ich war mir ganz sicher: Da hat sonst nichts Platz. Dieses Licht, das die Liebe bedeutet, hat das ganze Universum ausgefüllt. Das bedeutet, dass es nicht Gott ist, der richtet. Das passt nicht zusammen. Das geht nicht. Da ist kein Platz für ein Gericht.*[174]

Kann Jesus sagen, dass es wichtig ist, bis zu vierhundertneunzigmal einem Bruder zu vergeben, es selbst dann aber nicht tun? So wie es in Matthäus 18,21–22 (ELB) steht: *Dann trat Petrus zu ihm und sprach: Herr, wie oft soll ich meinem Bruder, der gegen mich sündigt, vergeben? Bis siebenmal? Jesus spricht zu ihm: Ich sage dir: Nicht bis siebenmal, sondern bis siebzigmal siebenmal.*

Jesus ist gekommen, die Welt zu retten und nicht zu richten. Und trotzdem gibt es in den Nahtoderlebnissen und nach biblischem Zeugnis nicht nur den Himmel allein, und die Hölle ist nicht leer. Nach dem Tod werden wir unsere Schuld erkennen. Die Gefahr ist groß, dass wir dann nicht den wichtigen Schritt in den Himmel tun können, wenn wir nicht zu Lebzeiten umkehren.

Gottes unbestreitbar liebendes und verzeihendes Wesen wird im Gleichnis vom verlorenen Sohn deutlich. Aber auch dort musste der geliebte Sohn *sich selbst* zum Vater aufmachen, den entscheidenden Schritt selbst tun. Weder hatte ihn der Vater verstoßen, noch weist der Vater ihn ab, als er zurück nach Hause kommt, wie in Lukas 15,11–19 (EÜ) zu lesen ist: *Weiter sagte Jesus: Ein Mann hatte zwei Söhne. Der jüngere von ihnen sagte zu seinem Vater: Vater, gib mir das Erbteil, das mir zusteht. Da teilte der Vater das Vermögen auf. Nach wenigen Tagen packte der jüngere Sohn alles zusammen und zog in ein fernes Land. Dort führte er ein zügelloses Leben und verschleuderte sein Vermögen. Als er alles durchgebracht hatte, kam eine große Hungersnot über das Land, und es ging ihm sehr schlecht. Da ging er zu einem Bürger des Landes und drängte sich ihm auf; der schickte ihn aufs Feld zum Schweinehüten. Er hätte gern seinen Hunger mit den Futterschoten gestillt, die die Schweine fraßen; aber niemand gab ihm davon. Da ging er in sich und sagte: Wie viele Tagelöhner meines Vaters haben mehr als genug zu essen, und ich komme hier vor Hunger um.* **Ich will aufbrechen und zu meinem Vater gehen** *und zu ihm sagen: Vater, ich habe mich gegen den Himmel und gegen dich versündigt. Ich bin nicht mehr wert, dein Sohn zu sein; mach mich zu einem deiner Tagelöhner. Dann brach er auf und ging zu seinem Vater.*

Ohne den eigenen Entschluss, sich aufzumachen, wäre der Sohn in diesem Gleichnis nicht beim Vater angekommen. Des Vaters Liebe war da, aber sie konnte den Sohn ohne seinen Entschluss nicht erreichen. Ähnliches könnte für den Himmel gelten, wie wir ihn von den Nahtodberichten kennen (siehe S. 104). Aber nachdem sich der Sohn entschlossen und aufgemacht hatte, ging ihm der Vater entgegen und setzte ihn sofort wieder in den ursprünglichen Stand als Erbe ein. Der Siegelring ist das

Symbol für die Unterschriftsberechtigung, die er ihm ohne Frage und ohne Zögern sofort wieder überträgt und damit das unbedingte Vertrauen in ihn zeigt.

Lukas 15,20–24 (EÜ) fährt fort: *Der Vater sah ihn schon von weitem kommen, und er hatte Mitleid mit ihm.* **Er lief dem Sohn entgegen,** *fiel ihm um den Hals und küsste ihn. Da sagte der Sohn: Vater, ich habe mich gegen den Himmel und gegen dich versündigt; ich bin nicht mehr wert, dein Sohn zu sein. Der Vater aber sagte zu seinen Knechten: Holt schnell das beste Gewand und zieht es ihm an, steckt ihm einen Ring an die Hand und zieht ihm Schuhe an. Bringt das Mastkalb her und schlachtet es; wir wollen essen und fröhlich sein. Denn mein Sohn war tot und lebt wieder; er war verloren und ist wiedergefunden worden. Und sie begannen, ein fröhliches Fest zu feiern.*

Im Moment des Todes werden wir Gottes Heiligkeit und die Wirkung unserer Taten auf andere erkennen. Wir sehen möglicherweise, wie wenig wir in die Gegenwart Gottes passen, wenn wir von Gott abgewandt gelebt haben. Dies deuten die Nahtodberichte auf S. 58 und auf S. 82 an. Wir werden es vielleicht von uns aus nicht wagen, zum Vater zurückzukehren oder in die weit geöffneten Arme unseres himmlischen Vaters zu fallen. Wir müssen selbst die Entscheidung treffen, draußen zu bleiben oder zu unserem himmlischen Vater zu gehen und das Opfer des Sohnes für uns anzunehmen – so wie sich der verlorene Sohn aufmachen musste.

Im Moment unseres Todes werden wir aber alles erkennen, werden Gut von Böse unterscheiden und uns selbst gerecht einschätzen. Selbstbetrug wird im Angesicht der unendlichen Aufrichtigkeit und Liebe Gottes nicht mehr funktionieren. Es ist eine andere Welt mit eigenen Gesetzen, in der kein Betrug – auch kein Selbstbetrug – mehr Raum hat, in der jeder Gedanke öffentlich ist, in der man sich nicht verstecken kann. Wenn wir weiter an unseren irdischen Interessen hängen oder stolz darauf sind, ohne den Vater auszukommen, oder aber uns in der Erkenntnis unserer Schuld nicht zum Vater getrauen, so verschließen wir in allen drei Fällen uns möglicherweise selbst die Pforte zum Himmel.

Aber selbst in dieser Trostlosigkeit außerhalb des Himmels scheint Rettung möglich. So wie im Glaubensbekenntnis bezeugt wird, dass Jesus „hinabgestiegen in das Reich des Todes" war, so erscheint Jesus denjenigen Seelen, die nach dem Tod um Rettung schreien. Dies wird im Bericht von Howard Storm deutlich: als er „Jesus, rette mich" schreit[175], sieht er von Ferne in völliger Dunkelheit ein kleines Lichtpünktchen, das schließlich schnell näher kommt und ihn aus dieser Dunkelheit errettet (siehe S. 74). Auch die Nahtoderlebnisse von Rita Groß-Grevenbroich auf S. 110 und von Dennis auf S. 126 zeigen, dass Jesus in die Dunkelheit kommt. Diese Rettung ist in Übereinstimmung mit den biblischen Worten in Apostelgeschichte 2,21 (EÜ): *Und es wird geschehen: Jeder, der den Namen des Herrn anruft, wird gerettet.*

Gott ist ein ewiger Gott, und solange es unsere Seele gibt, scheint sie Gott anrufen zu können. Entscheidend ist aber der eigene Ruf. Dieser mag vielen erwachsenen Seelen in der Erkenntnis ihrer Schuld oder in ihrem Stolz nicht über die Lippen zu kommen. So wie sich der Sohn aufmachen musste, um zum Vater zu gehen, so mussten sich die Menschen in den Nahtodberichten dem Licht, Jesus oder den Engeln aktiv zuwenden. Sie erlebten, dass viele Seelen Verstorbener dies nicht taten und in Dunkelheit oder im Nebel verblieben (siehe S. 77). Allerdings lassen sich aus den Nahtodberichten keine „Rettungsmechanismen" herleiten.

Die Verhaltensratschläge aus der Bibel und aus den Nahtodberichten ähneln sich stark. Aus der Erkenntnis der eigenen Unzulänglichkeit oder dem Festhalten an Irdischem wenden sich manche Seelen nicht dem Licht zu.

Auch in der Bibel gibt es keinen Automatismus dafür, wer in den Himmel kommt. Jesus sagt am Kreuz zu dem einen Verurteilten, der sein ganzes Leben nicht gläubig war und sich erst in seiner Sterbestunde an ihn gewandt hat in Lukas 23,43 (EÜ): *Amen, ich sage dir: Heute noch wirst du mit mir im Paradies sein.* Der späte Zeitpunkt seiner Bitte ist nicht problematisch. Diese Zusage gilt für die Seele des anderen Gekreuzigten an Jesu anderer Seite ganz offenbar nicht.

Andersherum werden Menschen, die sich sicher wähnen, ins Paradies zu kommen, von Jesus auf Grund ihrer Taten recht schroff zurückgewiesen, wie in Matthäus 7,20–24 (EÜ) steht: *An ihren Früchten also werdet ihr sie erkennen. Nicht jeder, der zu mir sagt: Herr! Herr!, wird in das Himmelreich kommen, sondern nur, wer den Willen meines Vaters im Himmel erfüllt. Viele werden an jenem Tag zu mir sagen: Herr, Herr, sind wir nicht in deinem Namen als Propheten aufgetreten und haben wir nicht mit deinem Namen Dämonen ausgetrieben und mit deinem Namen viele Wunder vollbracht? Dann werde ich ihnen antworten: Ich kenne euch nicht. Weg von mir, ihr Übertreter des Gesetzes!*

Wiederum sind viele von Jesus in den Himmel eingeladen, die zu ihrer Lebenszeit selbst keine Heilsgewissheit hatten oder von denen andere glaubten, dass jene sicher nicht in das Paradies kommen werden, wie Jesus in Matthäus 8,11 (EÜ) sagt: *Viele werden von Osten und Westen kommen und mit Abraham, Isaak und Jakob im Himmelreich zu Tisch sitzen.* Die Nahtodberichte zeigen übereinstimmend, dass Gott die Liebe ist. Gott *möchte*, dass wirklich *jede* Seele in den Himmel kommt.

Im Gleichnis vom verlorenen Sohn empfand der treu zum Vater haltende Bruder des verlorenen Sohnes die Aufnahme seines windigen Bruders durch den liebenden Vater als unfair und als Bevorzugung. Fast hätte die von ihm als ungerecht empfundene Liebe seines Vaters zu seinem

Bruder ihn in seinem Stolz davon abgehalten, selbst in das ihm schon vertraute Vaterhaus (als Bild für den Himmel) einzutreten, wie im zweiten Teil des Gleichnisses vom verlorenen Sohn in Lukas 15, 25–32 (EÜ) zu lesen ist:

Aber der ältere Sohn war auf dem Feld. Und als er nahe zum Hause kam, hörte er Singen und Tanzen und rief zu sich einen der Knechte und fragte, was das wäre. Der aber sagte ihm: Dein Bruder ist gekommen, und dein Vater hat das gemästete Kalb geschlachtet, weil er ihn gesund wiederhat. **Da wurde er zornig und wollte nicht hineingehen.** *Da ging sein Vater heraus und bat ihn. Er antwortete aber und sprach zu seinem Vater: Siehe, so viele Jahre diene ich dir und habe dein Gebot noch nie übertreten, und du hast mir nie einen Bock gegeben, dass ich mit meinen Freunden fröhlich gewesen wäre. Nun aber, da dieser dein Sohn gekommen ist, der dein Hab und Gut mit Huren verprasst hat, hast du ihm das gemästete Kalb geschlachtet. Er aber sprach zu ihm: Mein Sohn, du bist allezeit bei mir, und alles, was mein ist, das ist dein. Du solltest aber fröhlich und guten Mutes sein; denn dieser dein Bruder war tot und ist wieder lebendig geworden, er war verloren und ist wiedergefunden.*

Deshalb wird dieses Gleichnis auch das Gleichnis von den zwei verlorenen Söhnen genannt. Der treue und fleißige Sohn in des Vaters Nähe kann kaum glauben und verstehen, dass sein prassender und frecher Bruder nun gleich behandelt werden soll. Er erwartet aufgrund seiner Treue eine bessere Behandlung und sperrt sich damit selbst durch seine eigene, von seinem Stolz getriebene Entscheidung aus dem „Himmel" aus.

Aber sein Vater kommt heraus zu ihm und lädt ihn ein, seine liebenden Arme sind weit geöffnet. Gerettet werden, in den Himmel kommen, das steht jedem und allen zu. Doch sich aufmachen und sich zuwenden zum Vater *muss sich jeder zuerst selbst*. Das ist der Unterschied, und das ist das Geheimnis. Und da haben es diejenigen, die den Vater kennen und die auf seine Liebe vertrauen, wohl etwas leichter. Denn wie gut hätte der verlorene Sohn auch weiter in der Fremde bleiben können, weil er sich nach alledem eben nicht mehr zu seinem Vater traute.

Kommen alle in den Himmel?

Einige Sterbeforscher zogen und ziehen aus den positiven Nahtoderlebnissen den Schluss, dass alle Menschen in den Himmel kommen.

Die Höllenerfahrungen in manchen Nahtodberichten sprechen gegen diese These, zumindest, was einen unmittelbaren Eingang in den Himmel nach dem Tod angeht.

Auch die Bibel sagt deutlich, dass nicht jede Seele automatisch nach dem Tod in den Himmel kommt. Jesus will jeden retten, und er selbst wird keinen verurteilen. Er hat sich dafür selbst freiwillig kreuzigen lassen. Dies zeugt von einem unbedingten und ewigen Rettungswillen. Dieses ewige Leben ist jedoch kein Automatismus.

Gott ist Liebe. Dies wird in den Nahtodberichten wie auch in der Bibel immer wieder deutlich. Und wir Menschen sind alle seine Kinder. Mit Jesus können wir bereits zu Lebzeiten seine geöffneten Arme für uns annehmen – trotz unserer Unvollkommenheit. Ich bin überzeugt, dass es Jesu ausgesprochener Wille ist, dass alle Menschen als Kinder Gottes das ewige Leben im Himmel verbringen, und hatte lange ein Problem mit dem Gott der Bibel, der gleichzeitig strafend und liebend sein sollte. Aber Jesus sagt selbst in Johannes 12,44–50 (LUT): *Wer an mich glaubt, der glaubt nicht an mich, sondern an den, der mich gesandt hat. Und wer mich sieht, der sieht den, der mich gesandt hat. Ich bin in die Welt gekommen als ein Licht, damit, wer an mich glaubt, nicht in der Finsternis bleibe. Und wer meine Worte hört und bewahrt sie nicht, den werde ich nicht richten; **denn ich bin nicht gekommen, dass ich die Welt richte, sondern dass ich die Welt rette.** Wer mich verachtet und nimmt meine*

Worte nicht an, der hat schon seinen Richter: **Das Wort, das ich geredet habe, das wird ihn richten** *am Jüngsten Tage. Denn ich habe nicht aus mir selbst geredet, sondern der Vater, der mich gesandt hat, der hat mir ein Gebot gegeben, was ich tun und reden soll.* **Und ich weiß: sein Gebot ist das ewige Leben.**

Der liebende Jesus und der liebende Vater mit offenen Armen sind nach allen Nahtoderlebnissen nicht unsere Richter. Uns werden dereinst dagegen unser Gewissen und unsere Fähigkeit, Gutes von Bösem zu unterscheiden, richten. Unsere Haltung ist entscheidend für das, was wir unser Urteil nennen. Indirekt werden wir unser Urteil im Erkennen des Wirkens unseres Tuns auf andere selbst sprechen. Wenn wir bis dahin geübt haben, zu vergeben, werden wir auch Vergebung annehmen können. Wenn wir geübt haben, uns helfen zu lassen, werden wir nach Jesu Hilfe rufen.

Aber was ist mit denen, die Jesus nie kennengelernt haben, weil sie z. B. in einem bestimmten Kulturkreis geboren wurden? Nahtoderlebnisse sind aus allen Regionen, allen Kulturkreisen und zu allen Zeiten überliefert. Sie legen nahe, dass Gott mit offenen Armen dastehen wird und für alle seine Geschöpfe einen Himmel bereithält. Dennoch wenden sich nicht alle Gott zu. Bezüglich derer, die im Leben Gott nie nahe genug kommen konnten, um seinen Willen zu erfahren, sagt Jesus in Lukas 12,47–48 (EÜ), dass jemand, der gesündigt hat, ohne das Gesetz und die Bibel zu kennen, weniger gestraft wird als ein Wissender: *Der Knecht, der den Willen seines Herren kennt, sich aber nicht darum kümmert und nicht danach handelt, der wird viele Schläge bekommen. Wer aber, ohne den Willen des Herrn zu kennen, etwas tut, was Schläge verdient, der wird wenige Schläge bekommen. Denn wem viel gegeben wurde, von dem wird viel zurückgefordert werden, und wem man viel anvertraut hat, von dem wird man umso mehr verlangen.*

Auch etliche Nahtodberichte zeugen von einer Begegnung Nichtgläubiger mit Gott und dem Erkennen, dass er unser Schöpfer ist. So schildert Katie rückblickend ihr Nahtoderlebnis, das sie als dreijähriges Kind hatte: *Als ich starb, schwebte ich über meinem Körper. … Diese Präsenz bestand durch und durch aus unglaublichem Frieden, Liebe, Akzeptanz, Ruhe und Freude. Die Präsenz hüllte mich ein, und meine Freude war unbeschreiblich. … Ich habe diese Präsenz nicht als Gott erlebt (für so eine Vorstellung war ich noch zu jung), aber ich habe sie als das erlebt, was mich erschaffen hat. Ich wusste ohne den geringsten Zweifel, dass ich ein erschaffenes Geschöpf bin, ein Wesen, das seine Existenz dieser Präsenz verdankt. … Als ich am nächsten Tag aufwachte, wusste ich zwei Dinge ganz sicher: (1) Es gibt ein Leben nach dem Tod, und (2) ich bin ein erschaffenes Wesen.*[176]

Gott behält die Autorität in allen Dingen. Uns Menschen ist es unmöglich, gesicherte Aussagen über die Mechanismen des In-Den-Himmel-Kommens zu treffen oder Regeln abzuleiten. Von diesem Gott bezeugt Jesus in Johannes 6,65 (EÜ), dass Er alle Macht in den Händen hält: *Niemand kann zu mir kommen, wenn es ihm nicht vom Vater gegeben ist.*

Durch die Himmelspforte werden offenbar nicht alle und auch unerwartete Menschen gehen. Jesus sagt in Lukas 13,29–30 (HFA), dass Gott *wirklich allen* seinen Kindern eine Chance gibt: *Aus der ganzen Welt, aus Ost und West, aus Nord und Süd werden die Menschen in Gottes neue Welt, zu Gottes Fest kommen. Vergesst nicht: Viele, die hier nichts gelten, werden dort hoch geehrt sein, aber viele, die hier einen großen Namen haben, werden dort unbekannt sein.*

Alle, die guten Willens sind, mit ihm die Ewigkeit zu verbringen und ihm die Ehre zu erweisen, sind explizit eingeladen. Es ist nicht nur aus den Nahtodberichten bekannt, sondern auch die Bibel deutet an, dass Menschen unabhängig von ihrer Religion oder ihrer regionalen Herkunft gleichermaßen eingeladen sind, wie z. B. in Matthäus 22,8–10 (EÜ) steht: *Die Hochzeit ist zwar bereit, aber die Gäste waren's nicht wert. Darum geht hin auf die Straßen und **ladet zur Hochzeit, wen ihr findet**. Und die Knechte gingen aus auf die Straßen und brachten zusammen, wen sie fanden, Böse und Gute; und die Tische wurden alle voll.*

Andersherum gilt aber nach Matthäus 7,20–24 (siehe S. 136), dass nicht alle, die zu ihm Herr sagen, in das Himmelreich kommen werden. Es scheint folglich sowohl gemäß der vielen positiven Nahtoderlebnisse von Nichtchristen als auch nach den biblischen Aussagen so zu sein, dass gleichzeitig mehr als auch weniger Menschen „in den Himmel kommen", als dies nach menschlichen Vorstellungen zu erwarten wäre.

Nur haben es erwachsene Menschen schwer, in der ungeschönten Erkenntnis ihrer Sündhaftigkeit Vergebung anzunehmen und darum zu bitten. Deshalb ist es nicht egal, ob man Jesus kennt. Jesus Christus spricht: Ich bin die Tür, wer durch mich hereingeht, wird selig werden. Er hat durch sein Opfer die geistigen Gesetze befriedigt und schon für jeden die Himmelspforte geöffnet, der dieses Opfer für sich annimmt. Er zeigt den Weg in Johannes 5,24–25 (HFA): *Amen, ich versichere euch: Alle, die auf mein Wort hören und dem glauben, der mich gesandt hat, haben das ewige Leben. Sie kommen nicht mehr vor Gottes Gericht; sie haben den Tod schon hinter sich gelassen und das unvergängliche Leben erreicht. Amen, ich versichere euch: Die Stunde kommt – ja, sie ist schon da –, dass die Toten die Stimme des Gottessohnes hören werden, und wer sie hört, wird leben.*

Und in Johannes 6,47 (EÜ) steht: *Amen, amen, ich sage euch: Wer glaubt, hat das ewige Leben.* Dies wird in Römer 10,9–10 (EÜ) bekräftigt: *Denn wenn du mit deinem Mund bekennst: Jesus ist der Herr! und wenn du von ganzem Herzen glaubst, dass Gott ihn von den Toten auferweckt hat, dann wirst du gerettet werden.*

Dass das Lichtwesen freundlich und voller Güte und Liebe in den Begegnungen geschildert wird, bedeutet folglich noch nicht, dass wir von uns aus die Himmelspforte auch durchschreiten werden. Dies hängt davon ab, ob unser Handeln in Übereinstimmung mit Gottes Wort war und ob wir Jesu Vergebung für uns wollen. Die positiven Nahtoderlebnisse lassen folglich in Übereinstimmung mit der Bibel den Schluss zu, dass wir zwar auf Jesu unbeschreibliche Liebe treffen, damit jedoch nicht automatisch im Himmel sind. Zu häufig und eindringlich warnt Jesus vor der Hölle und gibt sogar für den letzten Weg nach meinem Verständnis in Lukas 12,58 (ELB) noch den guten Rat, auch hier noch auf dem Weg, also im Prozess des Sterbens, dem Gericht zu entgehen: *Denn wenn du mit deinem Gegner vor die Obrigkeit gehst,* **so gib' dir auf dem Weg Mühe, von ihm loszukommen**, *damit er dich nicht etwa zu dem Richter hinschleppe; und der Richter wird dich dem Gerichtsdiener überliefern und der Gerichtsdiener dich ins Gefängnis werfen.*

Damit sagt Jesus, dass wir die Zeit vor dem Gericht nutzen sollen, uns zu versöhnen, Vergebung zu erlangen und vom Gegenspieler loszukommen. Einige Nahtodberichte erzählen von einer Rettung durch Jesus noch auf dem Weg zum Gericht. Nur sollte man sich nicht auf eine solche Last-Minute-Rettung verlassen.

Die Hölle wird in verschiedenen Berichten eher als „schuldbewusster Zustand unseres Geistes" oder als „brennendes Gewissen" geschildert. Und weil die Hölle gemäß der Berichte auch vom eigenen Erleben und den eigenen Erwartungen und Befürchtungen geprägt wird, halte ich es einerseits für wichtig, die Hölle nicht weichzuspülen oder wegzureden. Nahtodberichte und Bibel zeugen von einer Hölle. Jesus warnt sehr, sehr eindringlich vor der Hölle, wie ab Seite 62 dargestellt wurde. Auch wenn wir uns wünschen, dass die Hölle als mittelalterliche Vorstellung abgeschafft gehört – die Nahtodberichte zeigen, dass es nicht nur einen Himmel gibt.

Andererseits halte ich es für gefährlich, anderen durch die Lehre von einer unabänderlichen ewigen Verdammnis die Hoffnung zu nehmen, sich noch im Sterben und im Erkennen der geistigen Welt an Jesus wenden zu können. Gottes ausgesprochener Wille ist die Errettung eines jeden Einzelnen – in Ewigkeit. Es gibt verschiedene Berichte, in denen Jesus oder Engel in den Bereich der Verdammnis gestiegen sind. Doch diejenigen, die keine Hoffnung hatten (auch, weil es ihnen vorher so gelehrt wurde), haben ihn nicht sehen können oder sich nicht zu ihm getraut. Wenn wir hier auf der Erde diese Hoffnungslosigkeit lehren, werden wir möglicherweise mitschuldig am Schicksal verlorener Seelen. Gott ist allmächtig, und Jesus hat einen unbedingten Rettungswillen. Diesen sollten wir Menschen nicht negieren.

Schafft man es in den Himmel?

Wenn man dies alles gelesen hat, wird es wohl nicht einfach. So wie Jesus und auch Paulus in Galater 5,14 (HFA) zusammenfassen, wird es auch aus den Nahtodberichten deutlich: *Denn wer dieses eine Gebot befolgt: „Liebe deinen Mitmenschen wie dich selbst!", der hat das ganze Gesetz erfüllt.* Die bedingungslose Liebe zu anderen, zu Gott und auch zu sich selbst in Worten, Gedanken und Taten ist das ganze Geheimnis. Damit gilt es auch, sich selbst manchmal zurückzunehmen, auf manche Dinge zu verzichten, Prioritäten neu zu definieren, ja sogar neue Gefühle zu üben, denn wer mag schon freiwillig gern seine Feinde lieben? Doch Gott tritt nicht mit einem riesigen Regelwerk in unser Leben, sondern mit einer bezwingenden Liebe, die uns gewinnen will.

Aber weil Gott uns so liebt, macht er deutlich, dass unsere ewige Seele das Wichtigste ist, mehr wert als die ganze materielle Welt. Der Mensch hat nichts, womit er seine Seele auslösen könnte, sagt Jesus in Markus 8,37 (LUT): *Was hülfe es dem Menschen, wenn er die ganze Welt gewönne und nähme doch Schaden an seiner Seele? Oder was kann der Mensch geben, womit er seine Seele auslöse?*

Neben der einfachen Grundformel „Liebe deinen Nächsten wie dich selbst!" gibt uns Jesus noch eine zweite ganz einfache Grundformel mit auf den Weg, wie in Matthäus 7,12 (EÜ) steht: *Alles, was ihr also von anderen erwartet, das tut auch ihnen!* Behandle andere so, wie du selbst am allerliebsten auch behandelt werden möchtest, wenn du dir alles wünschen könntest. Bei diesen beiden Formeln steht in der Bibel: „Das ist das ganze Gesetz" – diese Sätze fassen alles zusammen, was sonst im umfangreichen Regelwerk der Bibel geschrieben steht. Und obwohl sie so kurz und prägnant sind, scheinen sie doch schwer umsetzbar zu sein. Denn unmittelbar im Anschluss fährt Jesus in Matthäus 7,13–14 (EÜ) fort: *Geht durch das enge Tor! Denn das Tor ist weit, das ins Verderben führt, und der Weg dahin ist breit, und viele gehen auf ihm. Aber das Tor, das zum Leben führt, ist eng, und der Weg dahin ist schmal, und nur wenige finden ihn.* Zwei einfache Formeln, aber wir haben viel Freiheit in unserem Leben, sie nicht einzuhalten. Gott erwartet keine großen und spektakulären Taten, damit wir seine Verheißungen erlangen. Gottes Maßstäbe sind andere als die unsrigen. Es kommt nicht auf eine große, weltverändernde Kraft an, sondern darauf, das in der Familie, im Kollegenkreis und im täglichen Umgang mit Nachbarn und Mitmenschen zu bewahren, was uns gegeben ist.

Dieses Prinzip, dass, wer im Kleinen treu ist, es auch im Großen ist, kommt in der Bibel häufiger vor (z. B. Offenbarung 3,8). Unser ganzer Mensch soll durch Glauben, gute Gedanken, gute Worte und gute Taten verwandelt werden, so dass wir dereinst Gottes offene Arme annehmen und direkt in den Himmel hereintreten dürfen.

Denn in Galater 6,2–5;7–9 (HFA) steht, dass wir ernten werden, was wir gesät haben, und dass wir nicht aufgeben sollen: *Jeder soll dem anderen helfen, seine Last zu tragen. Auf diese Weise erfüllt ihr das Gesetz, das Christus uns gegeben hat. Wer sich einbildet, besser zu sein als die anderen, der betrügt sich selbst. Darum soll jeder sich selbst genau prüfen. Dann wird er sich über seine guten Taten freuen können, aber keinen Grund zur Überheblichkeit haben. Denn jeder ist für sein eigenes Tun vor Gott verantwortlich. Das ist schon schwer genug! Glaubt nur nicht, ihr könntet euch über Gott lustig machen!* **Ihr werdet genau das ernten, was ihr gesät habt.** *Wer sich nur auf sich selbst verlässt, den erwartet der ewige Tod.* **Wer sich aber durch den Geist Gottes führen lässt, dem wird Gott das ewige Leben schenken.** *Werdet nicht müde, Gutes zu tun. Es wird eine Zeit kommen, in der ihr eine reiche Ernte einbringt. Gebt nur nicht vorher auf!*

Nicht aufgeben, Gutes zu tun und sich durch Gottes Geist leiten lassen – dann schafft man es.

10. Schlussgedanken

Abschließend soll auf folgende Fragen eingegangen werden:

- Sind Nahtoderlebnisse überhaupt ernst zu nehmen?
- Braucht es einen persönlichen Gott und Jesus? Bedeuten die Erkenntnisse über das Sterben nicht nur einen weiteren naturwissenschaftlichen Fakt in einem materialistischen Weltbild?
- Sind die Nahtoderlebnisse nicht das Produkt einer geschickten teuflischen Verführung und das liebende Lichtwesen aus den Nahtoderlebnissen in Wirklichkeit Satan, der uns in falscher Sicherheit wiegen will?

Gegenargumente gegen das Nahtoderleben

Die Argumentation gegen Nahtoderlebnisse reicht von Ignoranz bzw. begründungsloser Verneinung über die Gleichsetzung mit Träumen oder Halluzinationen bis hin zu vermeintlichen Gegenbeweisen. Bei letzteren ist besonders interessant, dass sachliche und gründliche Studien in Fachmagazinen dann gerade in solchen Medien, die z. B. von Ärzten gelesen werden, z.T. verzerrt oder ins Gegenteil verkehrt werden.

Was man nicht messen kann

Manche Menschen, die mit dem Phänomen in Berührung kommen, lehnen es vollständig als nicht-existent ab. Für sie ist nicht real, was man nicht objektiv messen kann. Forschung, die auf „Selbstberichten" von Menschen beruht – wie es in der Psychologie, den Sozial- und Wirtschaftswissenschaften üblich ist –, hat für sie wenig Gewicht. So sagt z. B. Niels Birbaumer, Direktor des Instituts für Medizinische Psychologie und Verhaltensneurobiologie der Eberhard-Karls-Universität Tübingen: *Mir ist keine einzige wissenschaftliche Arbeit bekannt, in der zweifelsfrei empirisch gezeigt worden wäre, dass diese Dinge auch wirklich so auftreten und nicht etwa im Nachhinein von den Patienten erfunden wurden. Offen gestanden, bin ich gegenüber Selbstberichten von Patienten extrem misstrauisch. ... Patienten haben ein sehr feines Gespür dafür, was ein Untersucher gerade erfahren möchte. Und entsprechend fallen die Antworten aus. ... Meine Vermutung lautet daher: Auch im Fall der so genannten Nahtod-Erfahrungen richten sich die Patienten nach uns. Sie sterben gewissermaßen so, wie wir es von ihnen erwarten. Das liegt daran, dass sich bereits ein bestimmtes Bild von Nahtod-Erlebnissen etabliert hat. Wir haben es mit einer Art Placebo-Effekt zu tun.*[177]

Nahtoderfahrungen sind aus allen Kulturkreisen, aus allen Zeiten und von Patienten aller Altersstufen her belegt. Die Aussage „Die Patienten sterben so, wie wir es von ihnen erwarten" lässt sich leicht widerlegen: Einer tibetanischen Frau im 16. Jahrhundert (siehe S. 42) oder einem dreijährigen Kind (siehe S. 140) wird keiner unterstellen, dass mit deren Berichten nur unsere heutige Erwartungshaltung befriedigt werden sollte. Gerade in Nahtoderfahrungen von Kindern kommen wichtige Elemente vor, ohne dass sie mit den gleichen Begriffen der Erwachsenen belegt werden.

Weiter bemängelt Birbaumer die fehlenden kontrollierten Bedingungen der Nahtoderfahrungen. Allerdings sind inzwischen viele wissenschaftliche Studien durchgeführt worden, die dieses bei jedem fünften klinischen Tod zu beobachtende Phänomen unter intensivmedizinischer Überwachung untersucht haben.

Natürlich sind Nahtodberichte kein Beweis im mathematischen Sinn des Begriffs. Obwohl alle Erfahrenden zeitweise klinisch tot waren, hat doch keiner der Berichtenden den finalen biologischen Tod[178] überlebt. Manche der Berichte zeugen von Erlebnissen zu einem Zeitpunkt, zu dem den Erlebenden nach allen medizinischen und biologischen Erkenntnissen keine entsprechenden Fähigkeiten mehr gegeben waren, da weder Atmung, Herzschlag noch Gehirnaktivität vorlagen.

Nahtodberichte sind keine Beweise, sondern Hinweise; Hinweise, die in allen Kulturen, zu allen Zeiten und bei Menschen mit den unterschiedlichsten gesellschaftlichen und religiösen Hintergründen auftreten. Im Leben ist es wie im Straßenverkehr: Hinweise kann man ignorieren. Das Ignorieren kann aber Konsequenzen haben. Hinweise auf die Ewigkeit, in die wir zwangsläufig eingehen werden, sollte man mit Blick auf die Länge der Konsequenz möglichst nicht ignorieren.

Ähnliches Erleben in anderen Situationen

Es wird gesagt, dass Nahtodberichte nichts über ein Leben nach dem Tod aussagen, weil es *vergleichbares* Erleben auch aufgrund anderer Ursachen gibt.

Hier wiederum ist bezüglich der vorgebrachten Argumente zu unterscheiden in:

- nur **sprachlich ähnliche**, inhaltlich jedoch offensichtlich völlig unterschiedliche Erfahrungen. So werden in der kritischen Literatur verschiedentlich Tunnel*erlebnisse* (also die räumliche Fortbewegung der Seele in einem Tunnel auf ein Licht hin) abgetan mit dem Verweis auf den Effekt des Tunnel*blicks*. Beim Tunnelblick verengt sich das Blickfeld bei schnell fliegenden Kampfpiloten. Dabei nehmen diese aber nach wie vor einen

Ausschnitt aus der materiellen Welt wahr. Abgesehen vom gemeinsamen Wortstamm besteht zwischen beidem Erleben inhaltlich keine Übereinstimmung.

- Elemente, die auch **inhaltliche Gemeinsamkeiten**, jedoch gleichzeitig auch deutliche Unterschiede haben. In der Argumentation werden die Unterschiede jedoch häufig ausgeblendet. Halluzinationen z. B. sind unerwartete Wahrnehmungen, die dem Empfindenden real erscheinen. Gleichzeitig kann man Nahtoderlebnisse aufgrund ihrer Klarheit, der gleichzeitig objektiv auch überprüfbaren Handlung in der materiellen Welt und der deutlicheren Sinnesempfindungen eindeutig von Halluzinationen und von Träumen abgrenzen.

- Elemente, die tatsächlich **vergleichbar mit Nahtoderlebnissen** sind. Dazu gehören Außerkörpererfahrungen (bewusste Wahrnehmungen außerhalb des Körpers), die man auch anders hervorrufen kann, z. B. durch Drogen wie LSD. Aber dass eine Außerkörper-Perspektive mit LSD erzeugbar ist, bedeutet eben nicht, dass es keine Dualität von Körper und Seele gäbe, sondern vielmehr, dass LSD auch dazu geeignet ist, die Seele vom Körper zu lösen, so wie es auch im Sterben geschieht.

Anders ist die berichtete Außerkörper-Perspektive naturalistisch nicht zu erklären, denn die Augen bleiben ja auch nach Einnahme von LSD *im Körper* und wachsen nicht zu meterlangen Stilaugen, die von oben herab oder sogar ins Nachbarzimmer schauen könnten (siehe S. 47).

Weil Außerkörpererlebnisse und nahtodähnliche Erlebnisse auch bei funktionierendem Gehirn und nicht nur bei fehlenden Gehirnfunktionen erlebt werden, wird von den Ablehnenden argumentiert, dass das Gehirn Sitz des Bewusstseins sei und es sich kurz vor seinem Ausfall (und eben nicht erst nach seinem Ausfall) so ungewöhnlich verhält. Aus der Annahme, die Erlebnisse müssen alle vor einem vollständigen Versagen des Gehirns erlebt worden sein, wird ein Schluss auf die Dualität von körperlichem Gehirn und körperloser Seele verneint. Aber auch wenn es bei veränderter Gehirnfunktion zu ähnlichem Erleben wie nach dem Tod kommen kann, sind letztlich logisch gesehen doch beide Schlüsse zulässig:

- dass sich die körperlose Seele unter gewissen Bedingungen (nicht nur beim Sterben) vom Körper lösen kann und
- dass alle medizinischen Messwerte immer falsch erfasst wurden, somit bei keinem der vielen berichteten Erlebnisse das Sterben wirklich eingesetzt hätte und folglich auch kein Schluss auf die Ewigkeit möglich wäre.

Ich halte erstere Schlussfolgerung für klar wahrscheinlicher.

Auch die Wirkung von körpereigenen biochemischen Substanzen wird verschiedentlich als „natürliche" Ursache für Nahtoderfahrungen genannt. Dabei muss man wissen, dass während der Nahtoderfahrung übereinstimmend in allen Berichten alle körperlichen Schmerzen schlagartig aufhören und danach zumeist ebenso plötzlich wieder einsetzen. Im Körper befindliches Endorphin würde jedoch auch nach der Erfahrung weiter schmerzdämpfend wirken und kann daher als Erklärung ausgeschlossen werden.

Auch die Wirkung der Drogen, die einem Patienten im Verlauf lebensrettender Maßnahmen verabreicht werden, wird für die Nahtoderlebnisse verantwortlich gemacht. So sagt Luisa Garavy, Anästhesistin am Ernst-von-Bergmann-Klinikum in Potsdam: *Üblicherweise ist das ein Opioid, und Opioide können neben ihrer schmerzstillenden Wirkung auch intensive Träume und Halluzinationen verursachen.*[179] Dabei gibt es viele Erlebnisse völlig ohne intensivmedizinische Versorgung und ohne Medikamente.

Schröter-Kunhart hat umfangreiche Forschungen sowohl im psychologischen Bereich als auch in der Domäne der Nahtoderfahrungen durchgeführt. Im Resultat seiner Forschungen stellt er fest, dass Nahtoderfahrungen keine Halluzinationen sind: *Geisteskranke oder Halluzinierende machen diese Erfahrung nicht häufiger als Gesunde. Auch sind die Betreffenden nach dem Erlebnis seelisch eher gesünder als die Mitglieder verschiedener Kontrollgruppen.*[180]

Er führt in anderer Quelle weitere Argumente an:

Zum einen lehrt die westliche Kultur/Religion keine Nahtod-Sequenzen, die der Nahtoderfahrende somit im Sterben halluzinieren könnte. Auch müssten gerade Kinder andere Nahtoderfahrungen als Erwachsene erleben, wenn es sich um bloße Halluzinationen handeln würde, da Kinder ganz andere Todeskonzepte haben. …der Lebensfilm besteht überwiegend aus fotographisch genauen Erinnerungen, ist also sicher keine Halluzination… Gegen die Halluzinations-Hypothese spricht auch die Möglichkeit der Außerkörperlichkeits-Verifikation. Außerkörperliche Erfahrungen werden wie die Nahtoderfahrung unabhängig von der eigenen Religiosität von allen Bevölkerungsgruppen (auch von Kindern und von Blinden) erlebt.[181]

Gegen die Behauptung, dass Nahtoderfahrungen psychologisch gesehen heautoskopische (einen Doppelgänger sehenden) Halluzinationen seien, argumentiert Schröder-Kunhart als Facharzt:

b) weil der Erfahrende seinen Körper von außen und nicht wie bei der Autoskopie aus dem Körper heraus beobachtet,

c) weil der physische Körper und die Umgebung nicht nur frag-
mentarisch und nicht seitenverkehrt wahrgenommen werden,
d) weil es beim Außerkörperlichkeitserleben nicht zur Bewe-
gungsimitation kommt, der beobachtete physische Körper vielmehr zumeist bewegungslos ist …,
e) weil die Altersverteilung von Außerkörperlichkeitserfahrung
und Autoskopie sich unterscheiden: Letztere scheint im Gegensatz zu Außerkörperlichkeitserfahrung nicht im Kindesalter
vorzukommen.[182]

Vermeintliche Gegenbeweise der Forschung

Neben dem Umgang mit Nahtoderlebnissen in Form von
ignorierender Ablehnung (was nicht objektiv wiederholt
werden kann, gibt es einfach nicht) und in Form alterna-
tiver Interpretationen (sie wären Träume, Halluzinationen etc.) gibt es noch eine dritte Kategorie: den vermeintlichen Gegenbeweis, die vermeintlich wissenschaftlich
belegte materialistisch/biologische Ursache. In der Presse
und der populären Literatur wird jedoch aus einem seriösen und ausgewogenen Forschungsergebnis häufig eine
verzerrende Berichterstattung in einem Fachblatt oder ein
kurzer plakativer Artikel in einer Tageszeitung.

Ein einziges Beispiel möge dies illustrieren. Viele weitere
Beispiele für aus der persönlichen Überzeugung des Re-
dakteurs resultierende Falschdarstellungen von Forschungsergebnissen ließen sich hinzufügen. Die Meldung
im „Deutschen Ärzteblatt" vom 8. April 2010 titelte mit:
**Herzstillstand: Hyperkapnie erklärt Nahtod-Erfahrun-
gen** und führte aus:

*Maribor – Die Nahtod-Erfahrungen, über die Überlebende ei-
nes temporären Herzstillstands manchmal berichten, könnten
eine banale Erklärung haben. Slowenische Forscher führen sie
in „Critical Care (Online)" auf den Anstieg des Kohlendioxids
im Blut zurück.*[183]

„Die Welt" vom 7. April 2010 berichtete in vergleichbarer Weise: **Ursache für Nahtod-Erfahrungen entdeckt**

Nahtod-Erfahrungen haben demnach vielleicht weniger mit psychologischen Gründen zu tun als schlicht mit einem hohen Kohlendioxidgehalt im Blut.[184]

Plakative Botschaften wie: „Ursache entdeckt – alternative Erklärungen widerlegt!" oder „Nahtoderfahrungen auf banale Ursache zurückgeführt – keine Notwendigkeit mehr, sich mit den erstaunlichen Ergebnissen der Forschung auseinanderzusetzen!" sollen das materialistische „Erklärungsgebäude" bewahren.

Die zugrundeliegende wissenschaftliche Studie wurde mit dem Titel „**Die Auswirkung von Kohlendioxid auf Nahtoderlebnisse bei Menschen, die einen außerhalb eines Krankenhauses erlittenen Herzinfarkt überlebt haben – eine prospektive beobachtende Studie**" in der Fachzeitschrift „Critical Care" (zu Deutsch „Intensivmedizin") veröffentlicht.[185] Die Autoren Zalika Klemenc-Ketis, Janko Kersnik und Stefek Grmec schreiben darin sehr fundiert und ausgewogen über ihre Beobachtungen an 52 Patienten, von denen 11 eine Nahtoderfahrung hatten. Sie schreiben über eine Korrelation (einen Zusammenhang) von hohem Kohlendioxidgehalt im Blut wie auch einem erhöhten Kaliumspiegel und der Wahrscheinlichkeit, gleichzeitig ein Nahtoderlebnis gehabt zu haben. Dies bedeutet jedoch nicht, dass alle Patienten mit einem höheren Kohlendioxidgehalt eine Nahtoderfahrung hatten und auch nicht, dass bei allen Patienten, welche eine Nahtoderfahrung hatten, ein höherer Kohlendioxidgehalt nachgewiesen wurde. Wörtlich (übersetzt) schreiben sie ganz klar, dass eine rein physiologische Erklärung von Nahtoderfahrungen laut ihren Forschungsergebnissen eben *nicht* möglich ist: *Unsere Studie legt nahe, dass einige physiologische Faktoren eine Bedeutung haben können, um ein*

Nahtoderlebnis auszulösen. Andererseits sind rein physiologische Prozesse eines hohen Kohlendioxidgehaltes (z. B. durch das Einatmen von Kohlendioxid) durch bruchstückartige und verworrene Erinnerungen gekennzeichnet. Im Gegensatz dazu stehen die Nahtoderlebnisse, welche klar, gut strukturiert und leicht zu erinnern sind. **Daher ist es nicht möglich, Nahtoderfahrungen allein aus den physiologischen Prozessen (eines hohen Kohlendioxidgehaltes im Blut) zu erklären.** *Höchstwahrscheinlich sind verschiedene physiologische Faktoren beteiligt. Ganz offensichtlich bringt uns die Tatsache, dass es Nahtoderlebnisse gibt, an den Rand dessen, was wir über das menschliche Bewusstsein und sein Verhältnis zur Gehirnfunktion bisher wissen und verstehen.*

Es ist offensichtlich, dass wissenschaftliche Studienergebnisse und deren Darstellung in populären Zeitschriften in einem krassen Widerspruch zueinander stehen. Aber wie wahrscheinlich ist es, dass ein Mediziner in Deutschland mit wenig Zeit nach dem Lesen des Berichtes im „Deutschen Ärzteblatt" diesen noch einmal kritisch hinterfragt und die Originalquelle bemüht? Für ihn bleibt das „Ärzteblatt"-Fazit: ein erhöhter Kohlendioxidgehalt im Blut erklärt die Nahtoderfahrung – alles rein materialistisch. Und genau dies wird er vermutlich seinen Patienten mit solchen Erfahrungen auch erklären, wenn sie sich ratsuchend an ihn wenden – obwohl das Forschungsergebnis der wissenschaftlichen Studie genau das Gegenteil nahelegt.

Ich möchte den Unterschied von Korrelation (gleichzeitiges Auftreten von mehreren Faktoren) und Kausalität (Ursache-Wirkung-Beziehung) kurz illustrieren, weil deren Vermengung letztlich in fast allen populärwissenschaftlichen Berichten über Forschungsberichte zum Thema Nahtoderfahrungen zum vermutlich ideologisch gewünschten Resultat führt: einer Erklärung, die ohne Seele und ohne Gott auskommt.

Eine Ursache, sagen wir der Prozess der Loslösung der Seele vom Körper, kann mehrere Wirkungen haben, z. B. den Anstieg des Kohlendioxidgehaltes im Blut, weil gewisse Regelmechanismen dadurch versagen, und eine intensive Nahtoderfahrung. Eine Ursache-Wirkung-Beziehung bezeichnet man als Kausalität.

Lassen sich nun zwei oder mehr Wirkungen gleichzeitig erfassen oder messen, spricht man von einer Korrelation. Die Ursache selbst ist oft trotz der Forschung noch unbekannt. Die folgende Abbildung stellt diesen Sachverhalt dar.

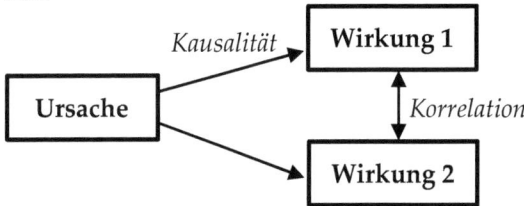

In wissenschaftlichen Arbeiten wird dieser Umstand zumeist korrekt wiedergegeben. In der vermutlich materialistisch geprägten Wiedergabe dieses Sachverhaltes in populärer Literatur wird die Ebene der (noch unbekannten) Ursache häufig komplett ausgeblendet und eine der beiden Wirkungen als Ursache für die andere Wirkung dargestellt, wie folgende Abbildung zeigt.

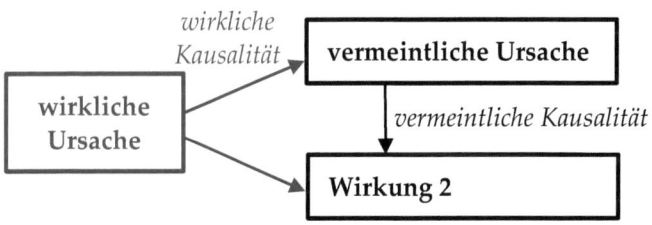

Mit genau diesen Methoden kann man auch „beweisen", dass Störche die Kinder bringen, weil es eine Korrelation zwischen der Storchenpopulation und der Geburtenrate in Europa gibt. Hier würde jeder gesunde Menschenverstand „nein!" rufen. Bei komplexerer Materie oder wenn man ohne Gott im Erklärungsmodell auskommen möchte, wird man jedoch vielfach zustimmendes Kopfnicken erleben. Gerade im Bereich der Nahtodforschung werden messbare materielle Zusammenhänge fälschlich als Ursache-Wirkung-Beziehung interpretiert. Dass man diesen Fehlinterpretationen skeptisch gegenüber bleiben sollte, wird in einem Leserkommentar am o. g. Artikel in „Die Welt" auf sehr schöne Weise deutlich: *Sterben ist ein physiologischer Vorgang – natürlich. Was sagt das aber aus über die psychisch-seelischen Vorgänge, die durch physiologische Ursachen ausgelöst werden? Vor einem Jahr hatte ich ein Nahtoderlebnis. Nur die Anwesenheit meiner Frau und das schnelle Eintreffen des Notarztwagens haben mich gerettet. Ich habe aus einer erhöhten Position beobachtet, wie Notärztin und Rettungssanitäter mich reanimierten, ich habe die komplette Situation ebenso wie die Personen wie eine Filmszene noch heute in Erinnerung. Wohlgemerkt: Beim Eintreffen des Notarztes war ich bereits bewusstlos. Aufgewacht bin ich erst auf der Intensivstation. Ich bin eigentlich Skeptiker und habe nachträglich recherchiert. Die Notärztin dieses Einsatzes war tatsächlich die, die ich „von oben" gesehen habe. Jetzt bin ich natürlich ungeheuer gespannt auf die „physiologische" Erklärung dieses Phänomens.[186]*
Das Erleben in dieser Schilderung entsprach also weder der eigenen Erwartungshaltung noch der bloßen Vorstellung von einer Reanimation. Auch andere physiologische Erklärungsversuche können ähnlich widerlegt werden. Nahtoderfahrungen können aufgrund ihres gemeinsamen Musters keine individuelle Wunscherfüllung sein.

Sie unterscheiden sich von typischen, zumeist akustischen und unangenehmen Narkosewahrnehmungen, weil sie ausnahmslos schmerzfrei und vor allem optisch sind.[187]

Nicht alle Menschen mit einem Nahtoderlebnis ziehen eine spirituelle oder übernatürliche Erklärung in Betracht. Der Neurowissenschaftler Gerhard Roth, ehemaliger Direktor des Instituts für Hirnforschung der Universität Bremen, erlebte nach einem Autounfall einen Flug durch einen Tunnel, an dessen Ende Licht schien, und starke Glücksgefühle. Trotzdem führt er die Ursache für seine Glücksgefühle auf Endorphine zurück: *Wahrscheinlich wurden eine große Menge Endorphine – körpereigene Opiate – ausgeschüttet. Auf diese Weise versucht der Organismus bei schweren Verletzungen, das Schmerzempfinden zu überdecken.*[188] Auch als Ursache für die Tunnel-Wahrnehmung hält er eine Unterversorgung der Netzhaut mit Sauerstoff für wahrscheinlicher. Die seitlich gelegenen Bereiche der Retina würden durch Sauerstoffmangel früher und stärker in Mitleidenschaft gezogen als diejenigen im Zentrum, die noch Helligkeit wahrnehmen könnten.

Noch nicht richtig tot

In der Sterbeforschung wird von Kritikern häufig behauptet, dass der tote Mensch mit seiner Nahtoderfahrung noch gar nicht richtig tot gewesen wäre. Daher könne sein Erleben unmöglich ein Beleg für das Weiterleben nach dem Tod sein.

Ein typischer Nahtodbericht stammt z. B. von Pamela Reynolds, einer fünfunddreißigjährigen Mutter. Sie wurde einer komplexen Operation unterzogen. Der Kardiologe Sabom und der Neurochirurg Spetzler berichteten: Es wurde *ihre Körpertemperatur in Vorbereitung auf die Operation auf etwa 10 Grad Celsius abgesenkt und alles Blut aus dem Kopf abgesaugt, so dass ihr Gehirn nicht mehr funktionierte, was durch drei klinische Prüfungen bestätigt wurde. Ihr EEG zeigte nichts an, ihr Hirnstamm reagierte nicht, und ihr Gehirn wurde nicht durchblutet. Zusätzlich waren ihre Augen mit Klebeband verschlossen, sie war voll narkotisiert, ihre Hirnstammtätigkeit wurde 100-Dezibel-Klicks überwacht, die von kleinen Lautsprechern in ihre Ohren emittiert wurden und ihr ganzer Körper, mit Ausnahme der kleinen Fläche am Kopf, an der operiert wurde, war vollständig abgedeckt. Während dieser Zeit hatte Reynolds ein sehr lebhaftes Nahtoderlebnis, in dem sie einen Teil der Operation beobachtete. Später berichtete sie den Ärzten, was sie gesehen hatte, und beschrieb die speziellen Instrumente, die sie für die Operation verwendet hatten, bis ins kleinste Detail. Beispielsweise beschrieb sie die Säge, die viel mehr wie eine Bohrmaschine ausgesehen habe.*[189]

Sie erinnerte sich über ihr optisches Erleben hinaus auch genau an eine weibliche Stimme, die sagte ‚Wir haben ein Problem. Ihre Arterien sind zu eng‘ und an eine männliche Stimme, die sagte: ‚Versuchen Sie die andere Seite.‘[190]

Sabom kommentierte den nachweislich richtigen Bericht so: Auch wenn die Narkose nicht wirksam gewesen wäre, hätte das 100-Dezibel-Klicken verhindert, dass sie etwas hörte, und das Klebeband über ihren Augen hätte verhindert, dass sie etwas sah.

Trotz dieser nachprüfbaren medizinischen Fakten wird behauptet, dass ein Mensch in genau diesem Zustand noch nicht „tot genug" sei, um aus seinem Erleben auf eine Seele oder auf ein Leben nach dem Tod zu schließen. Allerdings ist es so, dass der gleiche Zustand, wenn er nicht im Rahmen einer Operation herbeigeführt wurde, sondern z. B. durch eine Unfallverletzung entstanden ist und über mehrere Stunden angehalten hat, als medizinische Bedingung genügt, dass diesem Menschen alle Organe entnommen werden dürfen.

Die gleiche Definition von „Hirntod" nach den Kriterien der Bundesärztekammer[191] wird auf der einen Seite als Rechtfertigung für die Entnahme aller verwertbaren Organe dieses Menschen rechtlich und wissenschaftlich anerkannt. Gleichzeitig genügt derselbe Zustand auf der anderen Seite nicht, die rein materialistische Deutung von Geist und Bewusstsein zu überdenken und Nahtoderleben ernst zu nehmen.

Bei allen anderen Organen würde man von „Organversagen" sprechen, aber beim Gehirn hat man die Vokabel „tot" mit dem Begriff „Hirntod" im Kontext der Transplantationsmedizin 1968 extra als alternativen Begriff für ein „irreversibles", also voraussichtlich wahrscheinlich unumkehrbares, Koma eingeführt.[192]

Dabei gibt es Berichte, dass gehirntote Menschen lebendig wirken, indem sie sich gegen die Organentnahme sträuben.[193] Bei der Organentnahme oder bei Berührungen kommt es vermehrt zu „ungerichteten" Bewegungen der Arme, Beine und des Rumpfes. Diese Abwehrbewegungen werden als „gelegentliche Imitation" (also Nachahmung) gerichteter Bewegungen beschrieben. Wobei schon der Begriff „Nachahmung" eigentlich eine bewusste, im materialistischen Verständnis folglich gehirnbasierte, Aktivität voraussetzt und deutlich macht, dass hier objektiv bestehende Widersprüche allein durch die suggerierende Wortwahl, nicht aber durch eine plausible Hypothese gelöst werden. Die offizielle ärztliche Empfehlung ist, diese Menschen festzuschnallen und/oder ein sehr starkes Muskelentspannungsmittel zu injizieren, welches eine Gegenwehr unmöglich macht.[194] Die Wissenschaft spricht bei diesem Sträuben vom sogenannten Lazarus-Reflex.[195] Er wird materialistisch erklärt mit einer Enthemmung sogenannter Rückenmarksreflexe durch den Wegfall hemmender Einflüsse des bereits „toten" Gehirns auf das noch lebende Rückenmark.

Nachprüfbare Nahtoderfahrungen, die während Gehirn-OPs erlebt werden, legen nahe, dass das Bewusstsein in diesem Zustand nicht erloschen ist. Bei der Organentnahme wird jedoch auf die Gabe von Betäubungsmitteln in Deutschland verzichtet, um die Qualität der entnommenen Organe nicht zu beeinträchtigen, so dass beim Patienten alle Schmerzreize durch die OP-Instrumente unvermindert weiter entstehen. Die offizielle Stellungnahme der Organspendebefürworter ist, dass dies unerheblich sei, weil die einzige schmerzempfindende Stelle, das Gehirn, nicht mehr funktioniere. Erkenntnisse über die Dualität von Seele und Gehirn sollten zu einem Überdenken dieser Einstellung führen.[196]

Weiter gibt es Berichte darüber, dass die Haare der Patienten während der Organspende schlohweiß geworden sind bzw. sich deren Gesicht im Laufe der OP verzerrte.[197] Dies ist ebenfalls nicht verwunderlich, haben „hirntote" Menschen doch einen Herzschlag, regulieren ihre Körpertemperatur selbst und können Fieber bekommen, scheiden Urin und Stuhl aus, schwitzen, reagieren auf Schmerzreize mit einem sich verändernden Blutdruck, Männer können Erektionen bekommen und schwangere Frauen gesunde Kinder über Wochen und Monate austragen und gebären.

In diesem Zustand werden die Organe herausoperiert – nicht erst „nach dem Tod", wie auf dem Organspende-Ausweis steht. „Hirntote" Menschen wirken in vielerlei Hinsicht sehr viel lebendiger als die Menschen, die ihre Nahtoderfahrung ohne Herzschlag, ohne Atmung, ohne eigene Bewegung und bei flacher EEG-Line machen. Dennoch wird den Organspendern das Leben abgesprochen, während den Nahtoderlebenden der zeitweise Tod gedanklich nicht zugestanden wird.

Das rein materiell begründete und allein im Gehirn verortete Bewusstseinsverständnis der modernen Medizin führt dazu, dass diesen Patienten in einem Zustand, bei dem es noch möglich wäre, dass die Seele in den Körper zurückkehren kann, bereits ihre intakten und *lebenden* Organe (wären die Organe tot, könnte man sie nicht mehr anderen implantieren) entnommen werden dürfen. Erst diese Erlaubnis ist das absolut unumkehrbare Todesurteil für diese Patienten. Gleichzeitig ist dieses materialistische Erklärungsmodell die Voraussetzung für ein lukratives Organgeschäft. Dabei kommt es u. a. auch wegen der hohen Gewinnmargen zu nachgewiesenem und wiederholtem Missbrauch sowohl auf der Seite der „Organerntenden"[198] als auch auf der Seite der „Organverwendenden"[199].

Ein Überdenken sowohl der zweckgetriebenen Doppelinterpretation des gleichen Sachverhalts, also für ein „Leben nach dem Tod" noch nicht genügen tot, aber für Organspende tot genug, als auch der rein materialistisch/ mechanistischen Erklärungsversuche von Bewusstsein durch Gehirnfunktionen, erscheint dringend nötig.

Im Bericht einer tief komatösen Frau wird deutlich, dass auch ohne Nahtoderleben und ohne Hirnaktivität sowohl Wahrnehmungen als auch eine Rückkehr ins Leben möglich sind. Ihre Beatmungsgeräte sollten abgeschaltet werden, nachdem der behandelnde Neurologe sie für hirntot erklärt hatte: *Während sie offensichtlich in tiefem Koma lag und keine Gehirnaktivität mehr zu erkennen war, führten der zuständige Facharzt und ihr Ehemann an ihrem Bett ein Gespräch. Der Facharzt prognostizierte seiner Patientin ein Leben wie eine Treibhauspflanze und schlug ihrem Mann vor, sie von den lebenserhaltenden Systemen zu trennen. Ihr Mann hatte noch Hoffnung, dass sich ihr Zustand bessern würde, daher blieb sie an den Geräten angeschlossen. Trotz der düsteren Prognose erwachte die Frau **nach einigen Monaten** aus dem Koma. Da trat zutage, dass sie fast die ganze Zeit ihres Komas alles wie gewohnt gehört hatte, auch das Gespräch zwischen*

dem Arzt und ihrem Mann über die passive Sterbehilfe. Sie er-
zählte, wie schrecklich das gewesen sei. Während sie heraus-
schreien wollte, dass sie noch da ist, dass sie leben möchte, dass
sie bei ihrem Mann und ihren Kindern sein möchte, wurde über
ihr mögliches Sterben gesprochen.[200]

Leben nach dem Tod ja, Gott nein?

Die Haltung gegenüber Nahtoderfahrungen ist unterschiedlich. Neben Menschen, die Nahtoderfahrungen
verneinen oder bagatellisieren, gibt es andere, die an eine
Existenz nach dem Tod glauben, allerdings einen Gott
verneinen. Die Ewigkeit ist sozusagen Bestandteil der
materiellen Welt.

Das Gegenargument gegen diese Sichtweise ist die Begegnung mit dem Lichtwesen im Nahtoderleben, welches
fast immer als Begegnung mit einer Person beschrieben
wird, die Eigenschaften wie Liebe, Güte, Wärme, Freundlichkeit, Barmherzigkeit, Aufmerksamkeit, Allwissenheit
und Weisheit besitzt. In einigen der Nahtodberichte wird
Gott als „der Schöpfer" (siehe S. 58) beschrieben, in anderen Berichten wird das Lichtwesen als „der Erlöser" identifiziert (siehe S. 105) oder Jesus erscheint in persönlicher
Gestalt (siehe S. 110). Der Glaube an einen Gott nimmt bei
Nahtoderfahrenen deutlich zu (siehe S. 109).

Die moderne Wissenschaft strebt überall nach Erklärungen, die ohne Gott auskommen. Mit den folgenden Bei-
spielen möchte (und kann) ich nicht beweisen, dass die
christliche Religion Recht hat, sondern nur aufzeigen,
dass manches, was in der Schule als feste Wahrheit gelehrt wird, bei weitem in der wissenschaftlichen Betrachtung nicht so „wasserdicht" ist, wie es scheint. Gleiches
gilt auch für die wissenschaftlichen Erklärungsversuche,
welche das Nahtoderleben akzeptieren, das Leben nach

dem Tod jedoch als Teil eines materialistischen Konzepts betrachten.

Seit Darwin seine Evolutions*theorie* als wissenschaftliche Hypothese vorstellte, wird diese oft als wissenschaftlicher *Beweis* für die „Unmöglichkeit der göttlichen Schöpfung" und somit gleichzeitig auch als Beweis einer rein körperlichen, seelenlosen Existenz bemüht. Sie ist aber kein Beweis, sondern eine wissenschaftlich aufgebaute Theorie mit Lücken. In der Fachliteratur wird für diese teilweise gravierenden Lücken der Fachbegriff „Missing Links" verwendet. Dieser Begriff soll suggerieren, dass die der Theorie widersprechenden oder fehlenden Verbindungen nur noch nicht nachgewiesene, aber existierende Verbindungen sind, welche später noch gefunden werden. In der üblichen wissenschaftlichen Sprache hätte man sie als „gap" – also als Lücke – bezeichnet; so suggeriert aber der Begriff „link", dass es die hypothetisch postulierten Verbindungen tatsächlich gibt, und „missing" suggeriert, dass sie nur noch gefunden werden müssen.

Weiter muss die Evolutionstheorie mit belegten echten Widersprüchen auskommen, so z. B. mit fossilen Fundstücken, die in Sedimenten „falscher" Zeiträume gefunden wurden, mit dem Vorhandensein höherentwickelter Organe in Organismen vermeintlich niederer Entwicklungsstufen, dem vielfachen Auftreten von gleichartigen komplexen Organen in unterschiedlichen Stammbäumen, die sich dann faktisch vielfach unabhängig voneinander entwickelt haben müssten, und dem heutigen Auftreten von lebenden Fossilien, von denen manche – hätte es den postulierten Selektionsdruck tatsächlich gegeben – längst den vielen inzwischen entstandenen höherentwickelten Arten unterlegen und daher ebenfalls ausgestorben sein müssten.

Aus diesem vermeintlichen Gegenbeweis zur Schöpfung wird auch die Glaubwürdigkeit Gottes, des christlichen

Glaubens und der gleichzeitigen Existenz von Körper und unsterblicher Seele bestritten. Aber auch dieses Bestreiten geht seinerseits von *Theorien* und *Hypothesen* aus.

Gleichzeitig wird gelegentlich behauptet, dass sich der Glaube an einen Gott evolutionär in der naturalistischen Entwicklung herausgebildet hätte, weil damit verbundene Eigenschaften wie „Gemeinsinn" die Überlebenswahrscheinlichkeit gesteigert hätten. Man kann die evolutionären Prozesse sehr gut mit Computeralgorithmen simulieren. Dazu werden Individuen einer Population und eine sogenannte Fitnessfunktion eingeführt. Ändert man die Umweltbedingungen, überleben diejenigen Individuen mit einer hohen Flexibilität und einer guten Anpassung an die neuen Bedingungen. Sie können dann Nachkommen produzieren, welche ihre Eigenschaften weiterleben lassen, während die Elterngeneration nach einer Zeit ausstirbt. Die Algorithmen nennt man genetische oder evolutionäre Algorithmen. Der Glaube an einen allmächtigen Gott und an ein Leben nach dem Tod ist aber trotz des damit verbundenen Gemeinschaftsgefühls evolutionär gesehen hinderlich. Zum einen führt der Verlust der Angst vor dem Tod zu einer erhöhten Risikoneigung der Individuen. Dadurch steigt die Wahrscheinlichkeit, dass sie kein reproduktionsfähiges Alter erreichen mit der Konsequenz, dass die „gläubige" Population ausstirbt. Zum anderen werden Vorteile aus einem selbstlosen Kümmern um den Nächsten zeitlich fast immer erst sehr viel später merklich, während individuell/egoistisches Verhalten meist unmittelbar und kurzfristig zu einem lokalen Vorteil führt. Man kann gut nachvollziehen, dass der Streit um knappe Nahrung bei egoistischem Verhalten kurzfristig zu einem Vorteil für das stärkere Individuum führt, während das Teilen und gemeinsame Überleben z. B. erst bei einem viel seltener erfolgendem feindlichen Angriff wirksam würde. Nach der Regel des Überlebens des best-angepassten Individuums („survival of the fittest") unterliegen die gläubigen, fürsorglichen und den Tod nicht fürchtenden Individuen in der Computersimulation fast zwangsläufig gegenüber den materialistischen und egoistischen.

Trotz Darwin und der modernen Wissenschaft glauben Menschen auf der ganzen Welt an einen Gott. Schon die frühen Menschen haben ihre Toten ehrfürchtig bestattet. Dafür gibt es mehr und andere Gründe, als materialistische oder evolutionäre Theorien erklären können.

Weiter wird gelehrt, dass alle heute lebenden Menschen in ihren unterschiedlichen Typen von Affen abstammen. Nicht im Widerspruch zu dieser Theorie, aber ein in populärer und Schulliteratur häufig verschwiegener wissenschaftlich bewiesener Fakt ist, dass die moderne Genetik einen einzigen gemeinsamen männlichen Vorfahren (Urvater) und einen einzigen gemeinsamen weiblichen Vorfahren (Urmutter) aller heute lebenden Menschen identifiziert hat.

Die Erkenntnis, dass es einen Urvater und eine Urmutter gibt, beruht auf Gentests an verschiedenen Menschen unterschiedlicher Nationen von verschiedenen Wissenschaftlern zu unterschiedlichen Zeitpunkten überall auf der Welt. Diese Gentests basieren auf den Prinzipien der modernen Genetik. Sie zeigen, dass *alle* untersuchten Menschen typenübergreifend einen gemeinsamen Urvater und eine gemeinsame Urmutter haben. Es ist bis heute kein einziges Gegenbeispiel bekannt. Aktuelle Studien ergeben ein erstaunlich junges Alter des „Adams" (oder „Noahs") als den Urvater aller heute auf der Welt lebenden Menschen von nur ca. 3.000 bis 4.500 Generationen. Die „Mitochondirale Eva" als Urmutter aller heute lebenden Menschen lebte vor etwa 6.250 bis 11.250 Generationen. Nimmt man die untere ermittelte Grenze bei „Eva" und die obere ermittelte Grenze bei „Adam" und legt ein durchschnittliches Generationenalter von 18 Jahren bei den Frauen und von 25 Jahren bei den Männern zugrunde, so ist ein gemeinsamer und gleichzeitiger Ursprung aller heute lebenden Menschen vor nur 112.000 Jahren möglich. Dies ist in voller Übereinstimmung mit allen heutigen wissenschaftlichen genetischen Erkenntnissen. Alle heute lebenden Menschen in allen Kontinenten stammen von einer einzigen Urmutter und einem einzigen Urvater ab, und diese beiden könnten gut zur gleichen Zeit vor etwa 112.000 Jahren gelebt haben. Bezogen auf diesen Fakt ist die biblische Erklärung des Ursprungs des Menschen wissenschaftstheoretisch nicht schwächer als die Evolutionstheorie.

Auch bei der wissenschaftlichen Hypothese zur Entstehung des Lebens auf der Erde wird in populärer Literatur ein Bild vermittelt, dass alle Rätsel gelöst seien. Aber allein die Bildung der nötigen chemischen Elemente konnte im Versuch nachvollzogen werden. Sie wird „biochemische Evolution" genannt, beschreibt aber nur die chemischen Reaktionen von anorganischen Elementen (Kohlenstoff, Wasserstoff, Sauerstoff) zu organischer Chemie (Verbindungen von Kohlenstoff mit Wasserstoff und Sauerstoff).

Die sogenannte „biologische Evolution", d. h. die Entstehung von Mikroorganismen, Einzellern oder Bakterien konnte dagegen bisher noch nirgendwo experimentell nachvollzogen werden.

Jemand, der heute sagt, das (biologische) Leben sei unter ganz gewissen chemisch-physikalischen Umständen aus unbelebter Materie vor vielen Milliarden Jahren spontan entstanden, kann auf kein einziges Experiment verweisen, welches diese Hypothese belegt. Er hat nach der bisher bekannten wissenschaftlichen Faktenlage wissenschaftstheoretisch bezogen auf die Entstehung des Lebens nicht mehr Berechtigung für seine Behauptung als die Bibel, welche sagt, dass es Gottes Wirken war, das Leben aus unbelebter Materie zu erschaffen.

Es ist bisher trotz milliardenschwerer Forschung noch *nie* und nirgendwo auf der Welt gelungen, aus unbelebter Materie auch nur einfachstes Leben zu erwecken: Alle in Schulbüchern gedruckten sogenannten „Ursuppen-Theorien" sind, trotz über etwa 100 Jahre ernst zu nehmender Versuche und Milliarden an weltweit allein für dieses Thema ausgegebenen Forschungsgeldern, *Theorien* geblieben. Materialistische Deutungsversuche für die Entstehung von Leben aus unbelebter Materie sind bisher unbewiesene Theorien; auch wenn man heute in Schulbüchern oft den Eindruck vermittelt bekommt, dass es sich bei der spontanen Wandlung von unbelebter Materie zu belebter Materie um ein Faktum handelt.

Auch wenn die Theorien über die Jahre verfeinert wurden, d. h. statt der gedanklichen „Ursuppe", später Schichten („Pfannkuchen-Theorie") und noch später Unterwasservulkane als Geburtsort des Lebens angenommen wurden, sind sie bisher (im Jahr 2014) noch nicht ein einziges Mal praktisch nachvollzogen worden. Inzwischen wird in Wissenschaftskreisen wegen der ernüchternden Bilanz der vielen, vielen erfolglosen Versuche des Nachvollziehens der biologischen Evolution ernsthaft über die Möglichkeit diskutiert, ob erste RNA- oder DNA-Bausteine aus dem All auf die Erde kamen und sich hier weiterentwickelt haben.

Auch die Hypothese vom Urknall stellt nicht die Fragen „Woher kam all die Energie?" oder „Was war vorher?". Wenn plötzlich eine Kiste in Ihrem Wohnzimmer stünde, würden Sie nicht fragen, woher kommt das Ding auf einmal? Beim Urknall dagegen geben sich viele Menschen zufrieden mit dem, was ihnen *gesagt*, aber eben nicht *erklärt* wird. Mit dem Urknall entstand nach physikalischer Lehrmeinung erstmals nicht nur der Raum (das Universum), sondern auch die Zeit. Klingt auch ein bisschen biblisch, oder?

Aber wissenschaftstheoretisch hat die Urknalltheorie eine gravierende Lücke: die ersten Sekundenbruchteile sind mit den heute bekannten physikalischen Modellen nicht zu erklären. Entweder hätte entgegen allen Gesetzen bekannter Physik die vollständige Materie des Weltalls in einem winzigen Punkt zusammengepresst werden müssen. So wäre die Materie des Weltalls auf ein Maß zusammengedrückt, welches kleiner ist als die Ausdehnung, die wir den Elementarteilchen zugestehen. Oder alternativ dazu hätte sich in den ersten Sekundenbruchteilen des Urknalls eine Wandlung unvorstellbarer Energiemengen in Materie vollziehen müssen. Aber auch für diese hohe Energiedichte haben wir bisher kein physikalisches Modell. Weder für eine hohe Materie-Kompression, noch für Energiefelder dieser Stärke gibt es nachvollziehbare physikalische Quantenmodelle. Trotzdem akzeptieren wir im Rahmen der Urknalltheorie einen stillschweigenden Modellwechsel in eine bisher nicht durch Beobachtungen, Messungen oder ähnliches nachvollzogene rein hypothetische Modellwelt. Wir akzeptieren sogar den Begriff „Urknall", obwohl weder die Vorstellung einer Explosion von etwas Vorhandenem (mit dem Ereignis entstanden erst Zeit, Raum und Materie), noch ein Knall im Vakuum dem theoretisch postulierten Geschehen auch nur nahe kommen.

Die Existenz Gottes wird abgelehnt, weil materiell-mechanische Erklärungen trotz bisher unerklärter Lücken scheinbar „besser" sind. Dabei haben die subatomaren Bestandteile unserer materiellen Welt nach den Gesetzen der Quantenphysik eher immaterielle als materielle Eigenschaften. Materie in unserem Verständnis resultiert aus der Wirkung und Wechselwirkung von nicht mechanisch-materialistisch beschreibbaren Quanten-Bausteinen.

Es ließen sich viele weitere Beispiele nennen. Haben Sie sich noch nie gefragt, wieso so etwas Wunderbares wie ein Mensch aus zwei DNA entstehen kann, indem sich Zellen teilen, ausdifferenzieren und genau zum richtigen Zeitpunkt ihre Funktion erfüllen? Angesichts unserer Erfahrung, dass nur eine *einzige* Fehlfunktion eines Organs zum Tode führen kann, wie unglaublich muss es in einer Entwicklungsgeschichte ohne Schöpfung gewesen sein, dass alle Organe synchron und nebeneinander und fehlerfrei entstanden sind? Die Nebennieren mit ihrer vielfältigen Hormonproduktion, die Bauchspeicheldrüse mit ihrem Insulin, die Schilddrüse und so viele Organe mehr, deren Substanzen und Wirkweisen alle *gleichzeitig* ineinandergreifen müssen, damit unser Leben möglich ist. Wenn zu einem beliebigen Zeitpunkt nur eines fehlt, sterben wir. Dieser Fakt ist uns im Alltagsleben heute als *medizinisches* Wissen klar. Als sehr vergleichbarer Fakt, dass ein einziges nicht-gleichzeitiges Verfügbarwerden der Substanzen und Wirkweisen dagegen in der Evolutionsgeschichte zwangsläufig zu einem Abbruch der Entwicklung des Lebens führen muss, ist uns dieses *biologische* Wissen in der Beurteilung der Tragfähigkeit dieser Theorie scheinbar nicht präsent.

Für mich bedeutet ein Leben nach dem Tod die Rückkehr zum Schöpfer; ein „Ja" zu Gott.

Berichte unbiblisch oder gar teuflisch?

Nahtoderlebnisse sind belegt, eine materialistische Erklärung dafür ist noch nicht gefunden und eine überraschend hohe Übereinstimmung mit biblischen Aussagen ist festzustellen. Auch wenn die positiven Berichte überwiegen, gibt es auch negative Berichte. Es geht bei einer seriösen Betrachtung folglich nicht um eine Bagatellisierung des Todes oder eine „Alle-werden-glücklich"-Philosophie. Während die katholische Kirche solche Berichte als Hinweis oder Indiz wertet, steht die evangelische Kirche den Berichten offiziell eher distanziert gegenüber. In evangelikalen Kreisen werden Nahtodberichte häufig sogar als teuflisch bezeichnet.

Dabei wird der Fakt, dass das Lichtwesen alle Gestorbenen unabhängig von ihrer Religion begrüßt, als mögliche Verführung Satans interpretiert. Dies ist aber keine Aufhebung des Gerichts, sondern steht in Übereinstimmung mit der Schilderung von Jesu Wesen in der Bibel. Jesus liebt alle Menschen unabhängig ihrer Herkunft, hat Zöllner und Nicht-Juden angesprochen. Es werden Hochzeitsgäste aus der ganzen Welt eingeladen, und es wird eine Bewertung ohne Rücksicht auf Stände oder Herkunft geben. Jeder spricht sein eigenes Urteil. In Erkenntnis der eigenen Sünde kann dieses eigene Urteil im Wissen auf die Liebe Gottes und seine Vergebung positiv ausfallen.

Satans Plan in diesen Nahtoderlebnissen wäre nach der kritischen Argumentation, uns in falscher Sicherheit über das Leben nach dem Tod zu wiegen, in der eine Rettung durch Jesus Christus nicht mehr nötig sei. Tatsächlich gibt es Beispiele von Zurückgekehrten, die eine solche „Allversöhnung" vertreten und diese auch aktiv lehren.

Gleichzeitig gibt es jedoch auch Beispiele, bei denen zurückgekehrte Atheisten sich zum Glauben bekehrt haben, teilweise sogar Priester und Pfarrer geworden sind oder sich sofort in den Dienst Jesu als Straßenprediger gestellt haben. In wissenschaftlichen Studien wurde belegt, dass insgesamt gesehen bei den Zurückgekehrten die Bedeutung von Liebe, Mitgefühl und guten Taten ihren Nächsten gegenüber in ihrem weiteren Leben dauerhaft deutlich zugenommen haben. Damit würde Satan jedoch sein eigenes Reich zerstören. In Matthäus 12,25–26 (LUT) steht: *Jedes Reich, das mit sich selbst uneins ist, wird verwüstet; und jede Stadt oder jedes Haus, das mit sich selbst uneins ist, kann nicht bestehen. Wenn nun der Satan den Satan austreibt, so muss er mit sich selbst uneins sein; wie kann dann sein Reich bestehen?*

Weiter wird die These, das Lichtwesen sei Satan, dadurch begründet, dass Menschen zu okkulten Handlungen (wie einer Kontaktaufnahme mit Verstorbenen) verleitet werden sollen. Mir sind jedoch keine Berichte bekannt, in denen das Lichtwesen solche Aufforderungen ausgesprochen hätte.

Zu allen drei Thesen fällt mir Jesu Wort „An den Früchten werdet ihr sie erkennen" ein. Das Lichtwesen hat in den Berichten nie gesagt „Macht weiter so wie bisher", oder es sei egal, wie man lebt, sondern immer betont, dass Liebe das Wichtigste ist. Die Lebensrückschau legt besonderen Wert auf das, was eigenes Denken, Reden und Tun bei anderen bewirkt hat – im Geist der Liebe oder im Geist der Zerstörung. Die allermeisten Erlebenden bringen gute Früchte nach einer solchen Erfahrung hervor, verändern ihr Leben, erachten Materielles für weniger bedeutsam, empfinden die Liebe als wichtiger als vorher und fragen sich nach einem sinnerfüllten Leben. In wissenschaftlichen Studien wird deutlich, dass durch eine Nahtoderfahrung das Interesse für andere zunimmt. Jesus sagt in Matthäus 7,15–21 (EÜ): *Hütet euch vor den falschen Propheten; sie kommen zu euch wie (harmlose) Schafe, in Wirklichkeit aber sind sie reißende Wölfe. An ihren Früchten werdet ihr sie erkennen. Erntet man etwa von Dornen Trauben oder von Disteln Feigen? Jeder gute Baum bringt gute Früchte hervor, ein schlechter Baum aber schlechte. Ein guter Baum kann keine schlechten Früchte hervorbringen und ein schlechter Baum keine guten. Jeder Baum, der keine guten Früchte hervorbringt, wird umgehauen und ins Feuer geworfen. An ihren Früchten also werdet ihr sie erkennen. Nicht jeder, der zu mir sagt: Herr! Herr! wird in das Himmelreich kommen, sondern nur, wer den Willen meines Vaters im Himmel erfüllt.*

Nahtoderfahrungen bewirken gute Früchte.

Als weiteres Argument wird gebraucht, dass in der Bibel steht, dass Sünder in die Hölle kommen und Erlöste in den Himmel und nicht, dass alle zuerst ein Freiticket für eine Reise in den Himmel bekommen und einige dann für eine zweite Chance auf die Erde geschickt werden. Dazu ist jedoch zu sagen, dass durch die Intensivmedizin heutzutage sehr viel häufiger in das Sterbegeschehen eingegriffen wird als zu biblischen Zeiten und daher biblische Berichte über Rückkehrer vom Tod seltener sind. Dennoch gibt es auch in der Bibel Berichte über vom Tod Zurückgekehrte auch außerhalb der Wundertaten, in denen Jesus selbst Tote auferweckt hat, u. a. in Matthäus 27,52–53 und 2 Korinther 12,2–4.

Kritisch muss allerdings festgestellt werden, dass Nahtoderfahrungen bei Erwachsenen zwar suizidabschreckend wirken, bei Kindern und Jugendlichen allerdings nicht. In einer Studie von Atwater unternahmen von 52 Kindern und Jugendlichen mit einer Nahtoderfahrung 11 in den Jahren danach einen Suizidversuch.[201]

Das Argument, dass Nahtoderlebnisse teuflisch wären, weil die Erlebenden sich *fälschlich* für gerettet halten können, weil sie ihre Lebensrückschau für das – positiv ausgegangene – Gericht Gottes halten könnten, lässt sich logisch nicht widerlegen. Es hat niemand der Berichtenden die Grenze überschritten, von der man nicht zurückkehren kann. Eine Zusage oder symbolische Eintrittskarte konnte keiner vorweisen.

Mit Blick auf die guten Früchte der Zurückgekehrten scheint eine solche Verbesserung der Welt zum Zwecke einer Täuschung jedoch wenig nachvollziehbar.

Zudem sind Nahtoderfahrungen mit positiven oder negativen Gefühlen verknüpft, was ebenfalls einen gemeinsamen teuflischen Ursprung unwahrscheinlich erscheinen lässt: warum sollte Satan sich einmal unverstellt geben und ein anderes Mal ein unbeschreibliches Gefühl von Liebe vermitteln – und kann er das überhaupt?

Am Ende stehen Nahtodberichte trotz aller Übereinstimmungen mit den biblischen Aufforderungen und Aussagen nicht über dem Wort Gottes, sondern immer darunter. Eine eigene Lehre aus ihnen abzuleiten oder gar eine eigene Religion, ist in keinem Falle biblisch. Hierzu sagt Jesus in Matthäus 5,19 (EÜ): *Wer auch nur eines von den kleinsten Geboten aufhebt und die Menschen entsprechend lehrt, der wird im Himmelreich der Kleinste sein. Wer sie aber hält und halten lehrt, der wird groß sein im Himmelreich.*

Bleiben Sie kritisch im Denken und getreu Paulus' Erstem Thessalonicherbrief 5,21 (EÜ) wünsche auch ich:

Prüft alles und behaltet das Gute!

Der Himmel lohnt sich absolut!

Quellen

Bibelübersetzungen

Im Normalfall wurde für die Bibelstellen auf die Einheits-übersetzung zurückgegriffen. Aber in den Fällen, da diese Übersetzung ungenau ist (z. B. „siebzigmal verge-ben" statt „siebenmal siebzigmal" in Matthäus 18, 22), da die Übersetzung Vokabeln nutzt, die in unserer Gedan-kenwelt bereits vorbelegt sind (z. B. das Wort „Unter-welt" für Scheol) oder da die in Bezug auf die Nahtoder-fahrungen wichtigen Vokabeln nicht verwendet werden oder aber schwer zu verstehen sind, wurden die Luther, die Elberfelder und die Übersetzungen der „Guten Nach-richt" oder „Hoffnung für alle" zugrunde gelegt. Sie sind wie folgt gekennzeichnet:

EÜ = Einheitsübersetzung
HFA = Hoffnung für alle
ELB = Elberfelder
LUT = Luther
GNB = Gute Nachricht

Alle Texte aus diesen fünf Übersetzungen wurden vom Dienst www.bibleserver.com bezogen.

Ein weiteres Bibelzitat bezieht sich auf die:

DaBhaR = Die Geschriebene; © 1989 F.H. Baader, Schöm-berg

Literatur

90 Minuten im Himmel	Piper, Don; Murphey, Cecil: 90 Minuten im Himmel. 5. Aufl. Asslar, Gerth Medien, 2008
Abstieg in den Tod	Storm, Howard: Mein Abstieg in den Tod. Goch, Santiago Verlag, 2008
An der Grenze des Jenseits	Schroeter, Kai-Uwe: An der Grenze des Jenseits – Nahtoderfahrungen und die Unsterblichkeit der Seele. 1. Aufl. Norderstedt, Books on Demand, 2012
Auf einmal dem Himmel ganz nah	Netzwerk Nahtoderfahrung e.V. (Hrsg.): Auf einmal dem Himmel ganz nah. Leipzig, Benno Verlag, 2013
Begegnung mit Gott?	Serwaty, Alois; Nicolay, Joachim (Hrsg.): Begegnungen mit Gott? Nahtoderfahrung und Mystik. 2. Aufl. Goch, Santiago Verlag, 2010
Beweise für ein Leben nach dem Tod	Long, Jeffrey; Perry, Paul; Ogbeiwi, Astrid (Übers.): Beweise für ein Leben nach dem Tod. 4. Aufl. München, Goldmann Verlag, 2010
Das persönliche Überleben des Todes	Mattiesen, Emil: Das persönliche Überleben des Todes. Berlin, Neuauflage Walter de Gruyter-Verlag, 1961
Der Baron Bagge	Lernet-Holenia, Alexander: Der Baron Bagge. In Czycholl, Dietmar (Hrsg.): Als ich am gestrigen Tag entschlief… Oberstaufen, Genius Verlag, 2003
Die große Scheidung	Lewis, Clive Staples; Kuhn, Helmut (Übers.): Die große Scheidung. 12. Aufl. Einsiedeln, Johannes Verlag, 2013
Endloses Bewusstsein	van Lommel, Pim; Jänicke, Bärbel (Übers.): Endloses Bewusstsein. 2. Aufl. Düsseldorf, Patmos Verlag, 2009

Erkundung der Ewigkeit	Miller, Steve J.; Molitor, Juliane (Übers.): Erkundung der Ewigkeit. München, Heyne Verlag, 2014
Hoffnung über den Tod hinaus?	Schweer, Wennemar: Hoffnung über den Tod hinaus? Nahtoderfahrungen, Nachtodkommunikation und christlicher Glaube. Münster, Lit Verlag, 2012
Interviews mit Sterbenden	Kübler-Ross, Elisabeth; Leippe, Ulla (Übers.): Interviews mit Sterbenden. 16. Aufl. Gütersloher Verlagshaus, 1992
Leben nach dem Tod	Moody, Raymond A; Gieselbusch, Hermann; Mietzner, Lieselotte (Übers.): Leben nach dem Tod. 417.-421. Tsd. Reinbek, Rowohlt Verlag, Oktober 1995
Nah-Todeserlebnisse und ihre Auswirkungen	Stechl, Angela: Nah-Todeserlebnisse und ihre Auswirkungen auf Psyche, Ethik und Religion. Salzburg, Diplomarbeit, 2007
Nothing better than death	Williams, Kevin R.: Nothing better than death. Bloomington (Indiana, USA), Xlibris, 2002
Rückkehr von morgen	Ritchie, George; Sherrill, Elizabeth: Rückkehr von morgen. 38. Aufl. Marburg, Francke Verlag, 2008
Saduh Sundar Singh	Singh, Sundar; Melzer, Friso (Übers.): Saduh Sundar Singh – Gesammelte Schriften. 12. Aufl. Stuttgart, Evangelischer Missionsverlag, 1993
Totenbuch der Tibeter	Fremantle, Francesca; Trungpa, Chögyam (Hrsg.), Schuhmacher, Stephan (Übers.): Das Totenbuch der Tibeter. 17. Aufl. München, Diederichs Verlag, 1995

Anmerkungen

Alle als Quellen dienenden Internetseiten wurden im Zeitraum Februar bis Mai 2014 besucht. Quellen, die im Literaturverzeichnis aufgeführt sind, werden im Folgenden nur mit dem Titel zitiert.

---

[1] Frei nach Nouwen, Henri J. M: Dialog der Zwillinge im Mutterleib. Die Parabel von Nouwen (niederländischer Theologe, 1932 bis 1996) wurde veröffentlicht in: Die Gabe der Vollendung: Mit dem Sterben leben. Herder Verlag Freiburg, 1994. S. 36-37. Eine ähnliche Parabel gibt es von Maurice Lamm, die sich wiederum auf eine Erzählung des Rabbis Y. M. Tuckachinsky bezieht. Die Parabel wird verschiedentlich fälschlich Kurt Tucholsky zugeschrieben. Dessen „Colloquium in utero" aus dem Jahr 1932 hat jedoch abgesehen von der Gemeinsamkeit, dass sich zwei Zwillinge im Mutterleib unterhalten, nichts mit den Parabeln von Nouwen, Lamm oder Tuckachinsky gemein. Im Internet sind viele Varianten dieses Dialogs an verschiedenen Stellen zu finden, und es scheint unmöglich, eine exakte Zuordnung zu einem Urheber genau dieser hier verwendeten Version zu treffen.

[2] Der Begriff „Seele" wird in diesem Buch gleichwertig für Geist und Seele abgrenzend gegenüber dem Körper gebraucht.

[3] „klinisch tot" bezeichnet den Ausfall des Herz-Kreislauf-Systems. Durch Beatmung und Herzdruckmassage können Betroffene in einem Zeitfenster von wenigen Minuten wiederbelebt werden.

[4] Anmerkung des Autors: In einer Studie von More berichteten 85% der Kinder nach kritischen Situationen von Nahtoderlebnissen.

[5] Anmerkung des Autors: 11% (Parania, 2001 in britischer Studie über 63 Personen), 15,5% (Greyson, 2003 bei 116 Personen in amerikanischer Studie), 18% bei Pim van Lommels Studie mit 344 Patienten im Jahr 2001, 21% in der Studie mit 52 Patienten von Klemenc-Ketis im Jahr 2010.

[6] Mattiesen, Emil: Das persönliche Überleben des Todes. De Gruyter Verlag, 1976.

[7] Stechl, Angela: Nah-Todeserlebnisse und ihre Auswirkungen auf Psyche, Ethik und Religion. Diplomarbeit Uni Salzburg, 2007. Online: http://www.nahtodforschung.com/upload/StechlDiplomarbeit1.2.pdf

[8] van Lommel, Pim: Near-death experience in survivors of cardiac arrest: a prospective study in the Netherlands. The Lancet, Vol. 358, 15. Dezember 2001, S.2039.

[9] Van Lommel, Pim: Endloses Bewusstsein (siehe Literaturliste)

[10] Einen ähnlichen Vergleich zu einem Fernsehgerät zieht Ewald im Interview in: http://www.psychophysik.com/html/re053-ewald.html

[11] Knoblauch, Hubert: Berichte aus dem Jenseits. Herder Verlag, 1999. http://www.as.tu-berlin.de/fileadmin/fg225/material_knoblauch/Hubert_Knoblauch_Nahtod-Todesnaehe-Berichte_aus_dem_Jenseits.pdf, S. 58.

[12] http://www.as.tu-berlin.de/fileadmin/fg225/material_knoblauch/Hubert_Knoblauch_Nahtod-Todesnaehe-Berichte_aus_dem_Jenseits.pdf S. 76.

[13] Miller, Steve: Erkundung der Ewigkeit. S. 271.

[14] Knoblauch, Hubert: Berichte aus dem Jenseits. S. 76.

[15] Kübler-Ross, Elisabeth: Interviews mit Sterbenden. (siehe Literaturliste)

[16] Schweer, Wennemar: Hoffnung über den Tod hinaus? Nahtoderfahrungen, Nachtodkommunikation und christlicher Glaube. (siehe Literaturliste)

[17] http://www.iands-germany.de/html/hoppe.html

[18] Williams, Kevin R.: Nothing better than death. (siehe Literaturliste)

[19] Ritchie, George; Sherrill, Elizabeth: Rückkehr von morgen. (siehe Literaturliste)

[20] Storm, Howard: Mein Abstieg in den Tod. (siehe Literaturliste)

[21] Piper, Don; Murphey, Cecil: 90 Minuten im Himmel. (siehe Literaturliste)

[22] Czycholl, Dietmar (Hrsg.): Als ich am gestrigen Tag entschlief. Genius-Verlag, 2003.

[23] Platon: Politeia. In: sämtliche Werke in 2 Bänden, Deutsch von F. Schleiermacher u. a. Wien. Phaidon, 1925.

[24] Lewis, C.S.: Die große Scheidung. (siehe Literaturliste)

[25] Singh, Sundar: Gesammelte Schriften. (siehe Literaturliste)

[26] Totenbuch der Tibeter (siehe Literaturliste)

[27] Es gibt verschiedene Sammlungen von ägyptischen Texten, die als Ägyptisches Totenbuch bezeichnet werden.

[28] Auf einmal dem Himmel ganz nah. S. 201.

[29] Auf einmal dem Himmel ganz nah. S. 201.

[30] Knoblauch, Hubert: Berichte aus dem Jenseits. S. 58 (dort als „Todesahnungen" und nicht als „Nachtoderlebnis" bezeichnet)

[31] Auf einmal dem Himmel ganz nah. S. 170.

[32] Auf einmal dem Himmel ganz nah. S. 176.

[33] Tachibana, Takashi: Rinshi Taiken (Nahtoderfahrung), Tokio. 2000. zeigt, dass in 243 unterschiedlichen Erlebnissen die Elemente Außerkörpererfahrung, Glücksgefühl, Tunnel, Lichtwesen, Begegnung mit verstorbenen Verwandten, Lebensrückschau, Landschaften und Grenze der Entscheidung berichtet werden.

[34] Feng Zhi-ying, Liu Jian-xun: Near-Death Experiences Among Survivors of the 1976 Tangshan Earthquake. 1992.

zeigen, dass in 32 Berichten viele der in vorgenannter Fußnote aufgeführten Elemente vorkamen.

[35] Moody, Raymond: Life After Life.

[36] Lier, Gerda: Das Unsterblichkeitsproblem. V&R unipress Verlag, Göttingen. 2010. zitiert nach Schweer, Wennemar: Hoffnung über den Tod hinaus? S. 100.

[37] Rosi Büllesfeld. Online: http://de.gloria.tv/?media=240347

[38] van Lommel, Pim: Near-Death Experience, Consciousness, and the Brain. In: World Futures Vol. 62. 2006. S. 139 (Übersetzung durch den Autor)

[39] Die Nahtodeserfahrung des Alois Serwaty. Online: http://www.origenes.de/download/serwaty.pdf

[40] Storm, Howard: Abstieg in den Tod. S. 16.

[41] Storm, Howard: Abstieg in den Tod. S. 16.

[42] http://www.near-death.com/morrissey.html

[43] https://iands.org/nde-stories/17-nde-accounts-from-beyond-the-light.html (Ab Gliederungspunkt 13)

[44] http://www.near-death.com/experiences/experts09.html

[45] http://www.near-death.com/experiences/research12.html

[46] 56% der Befragten in der Studie: van Lommel, Pim: Endloses Bewusstsein. S. 153.

[47] 60% der Befragten in der Studie: Ring, Kenneth: Frequency and Stages of the Prototypic Near-Death Experience. In: Lundahl, Craig R.: A Collection of Near-Death Research Readings. Chicago. Nelson Hall. 1982. S 112.

[48] 89% der Befragten in der Studie: Michael Schröter Kunhardt: „Nah-Todeserfahrung. Grundlage neuer Sinnfindung".

[49] Michael Schröter Kunhardt: Nah Todeserfahrung Grundlage neuer Sinnfindung. Evangelischer technischer Angestellter L.A. (44 Jahre, im Jahr 1983)

[50] Williams, K: Nothing better than death. S. 61 (Brian Krebs)

[51] Sabine Mehnes: Winterfell, Wiesenburgverlag, 2005. http://content.stuttgarter-nachrichten.de/stn/page/1862018_0_3267_an-der-schwelle-zum-jenseits-berichte-von-nahtod-erfahrenen.html?_skip=1

[52] Kinder begegnen Engeln in einer Studie von Atwater in 70% aller Fälle; siehe: P. Atwater: Children of the New Millenium, New York, Three Rivers Press, 1999. S. 67.

[53] Williams, R: Nothing better than death. S.68.

[54] 81% nach Long; siehe: Long, Jeffrey: Beweise für ein Leben nach dem Tod. S. 188.

[55] 95% nach Kelly, siehe: Long, Jeffrey: Beweise für ein Leben nach dem Tod. S.186.

[56] nur 4% der Begegnungen fanden mit lebenden Personen statt; siehe: Long, Jeffrey: Beweise für ein Leben nach dem Tod. S. 187.

[57] Raymond Moody: Das Licht von Drüben, Neue Fragen und Antworten. Reinbek, Rowohlt. 1989.

[58] Schroeter: An der Grenze des Jenseits, S. 57.

[59] Machado, C. and Shewmon: Brain Death and Disorders of Consciousness. S. 5.

[60] Linzmeier, Benjamin M. (University of Wisconsin-Eau Claire) http://www.nderf.org/NDERF/Research/ incidents_causes_nde.htm

[61] Long, Jeffrey: Beweise für ein Leben nach dem Tod. S. 27.

[62] Long, Jeffrey: Beweise für ein Leben nach dem Tod. S. 27.

[63] Online: http://iands.org/research/important-research-articles/43-dr-pim-van-lommel-md-continuity-of-consciousness.html?start=3 (Übersetzung durch den Autor)

[64] Williams, Kevin R.: Nothing better than death. S. 73 (Edgar Cayce)

[65] Auf einmal dem Himmel ganz nah, S. 14.

[66] Long, Jeffrey: Beweise für ein Leben nach dem Tod. S. 61.

[67] Schroeter, Kai-Uwe: An der Grenze des Jenseits. S. 59.

[68] Kenneth Ring und Sharon Cooper: Mindsight – Near-Death and Out-of-Body Experiences in the Blind, W. James Center for Consciousness Studies. 1999.

[69] Moody, Raymond A: Das Licht von Drüben, Neue Fragen und Antworten. Reinbek bei Hamburg, Rowohlt Verlag. 1989. S. 175.

[70] Högl, Stefan: Transzendenzerfahrungen - Nahtod-Erlebnisse im Spiegel von Wissenschaft und Religion. Tectum Verlag. 2006. S. 294.

[71] Anmerkung des Autors: Interessant ist, dass asiatische Berichte dieses Element kaum erwähnen, während europäische, afrikanische und amerikanische Berichte es aufweisen. Mögliche Ursache könnte eine unterschiedliche Methodik in der Studienführung sein.

[72] van Lommel, Pim: About the continuity of our consciousness. In: Brain Death and Disorders of Consciousness. Machado, C. and Shewmon, D.A. (Hrsg.)
New York, Boston, Dordrecht, London, Moscow: Kluwer Academic/ Plenum Publishers. Advances in Experimental Medicine and Biology Adv Exp Med Biol. 2004; Iss. 550. S. 119.

[73] van Lommel, Pim: Endloses Bewusstsein. S. 82.

[74] Stechl, Angela: Nah-Todeserlebnisse und ihre Auswirkungen auf Psyche, Ethik und Religion.

[75] 27% der Berichte; siehe Schröder-Kunhardt: Negative Nah-Todeserfahrungen. In: Grenzgebiete der Wissenschaft 3/2006, S. 219.

[76] Vergleiche dazu die Liste mit 106 belegten Nahtoderlebnissen von Janice Miner Holden in: The Handbook of Near-Death Experiences, 2009, S. 194.

[77] Williams, Kevin R.: Nothing better than death. S. 21 (May Eulit).

[78] Williams, Kevin R.: Nothing better than death. S. 85 (Jake).

[79] Williams, Kevin R.: Nothing better than death. S. 39.

[80] Williams, Kevin R.: Nothing better than death. S. 74.

[81] Auch wenn die reine Häufigkeit eines Wortes kein belastbares Argument darstellt, so belegen 63 Stellen einen wichtigen Stellenwert des „Totenreichs" im Alten Testament. Um einen Vergleich zu bieten: Es ist bekannt, dass „Opfer" im Alten Testament eine wichtige Rolle gespielt haben. Das Wort „opfern" kommt in der gleichen Bibelübersetzung 78mal vor.

[82] Van Lommel, Pim: Near-Death Experience, Consciousness and the Brain. In World Futures, 62. Taylor & Francis Group, LLC. S 135 (Übersetzung durch den Autor).

[83] http://www.welt.de/wissenschaft/article116890416/Der-Mensch-bildet-sein-Leben-lang-neue-Hirnzellen.html.

[84] http://www.theguardian.com/science/2013/sep/21/stephen-hawking-brain-outside-body

[85] http://www.welt.de/wissenschaft/article13702581/Blick-ins-Jenseits-oder-Taeuschung-des-Gehirns.html

[86] Moody, Raymond: Leben nach dem Tod. S. 41f.

[87] Moody, Raymond: Leben nach dem Tod. S. 43.

[88] http://www.near-death.com/experiences/evidence03.html

[89] Auf einmal dem Himmel ganz nah. S. 34.

[90] Auf einmal dem Himmel ganz nah. S. 43-45.

[91] Auf einmal dem Himmel ganz nah. S. 112.

[92] http://www.youtube.com/watch?v=13EzUEtR3i0

[93] Rommer, Barbara: Der verkleidete Segen. Erschreckende Nah-Todeserfahrungen und ihre Verwandlung. Santiago Verlag 2004, S. 23 zitiert nach Schweer: Hoffnung über den Tod hinaus. S. 63.

[94] Jakoby, Bernard: Das Leben danach. S. 111.

[95] Jakoby, Bernard: Das Leben danach. S. 128.

[96] Van Lommel, Pim: Endloses Bewusstsein. S. 59.

[97] Auf einmal dem Himmel ganz nah. S. 51.

[98] Long, Jeffrey: Beweise für ein Leben nach dem Tod. S. 218.

[99] Williams, Kevin R.: Nothing better than death. S. 55-56 (Kerry).

[100] Auf einmal dem Himmel ganz nah. S. 17.

[101] Williams, Kevin R.: Nothing better than death. S. 31.

[102] http://www.youtube.com/watch?v=13EzUEtR3i0

[103] Rosi Büllesfeld. http://de.gloria.tv/?media=240347

[104] Morse, Melvin: A near-death experience in a 7-year-old child. In American Journal of diseases of children. Nr. 137/ 10. 1960 S. 959ff zitiert nach Steve Miller: Erkundung der Ewigkeit.

[105] Serwaty, A. und J. Nicolay: Nahtod und Transzendenz – eine Annäherung aus Wissenschaft und Erfahrung. Santiago Verlag, 2008. Zitiert nach Schweer, S. 82.

[106] Zwischen 8,6 und 18 Prozent, gemäß: http://i-ands.org/about-ndes/key-nde-facts.html (Stand Mai 2014).

[107] In einer Auswertung von 12 Studien mit insgesamt 1369 Berichten wurde ein Anteil von 23 Prozent mit ermittelt; siehe: Miner Holden, Janice: Handbook of Near-Death Experiences. S. 70.

[108] Soeffner, H-G., Knoblauch, H (Hrsg): Todesnähe - Interdisziplinäre Zugänge zu einem außergewöhnlichen Phänomen. Universitätsverlag Konstanz. 1999. S. 233.

[109] Schweer, Wennemar: Hoffnung über den Tod hinaus? S. 65.

[110] Lewis, C.S.: Die große Scheidung. S. 74.

[111] Ritchie, George: Return from tomorrow. (engl. Ausgabe, in der deutschen Übersetzung fehlt diese Stelle): *One of the places we observed seemed to be a receiving station. Beings would arrive here oftentimes in a deep hypnotic sleep.*

I call it hypnotic because I realized they had put themselves in this state by their beliefs. Here were what I would call angels working with them trying to arouse them and help them realize God is truly a God of the living and that they did not have to lie around sleeping until Gabriel or someone came along blowing on a horn.

[112] Ritchie, George: Rückkehr von morgen. S. 54-55.

[113] Ritchie, George: Rückkehr von morgen. S. 58.

[114] Grey, Margot: Return from Death. 1985. S. 58. Zitiert in der Übersetzung von Schröter-Kunhart in Grenzgebiete der Wissenschaft 3/ 2006: Negative Nah-Todeserfahrungen, gibt es eine Hölle? S. 195-246.

[115] Greyson, Bruce; Bush, Nancy Evans: Distressing Near-Death Experiences. In: Psychiatry 55/ 1992. S. 95-110.

[116] Grenzgebiete der Wissenschaft 3/ 2006: Negative Nah-Todeserfahrungen, gibt es eine Hölle? S. 195-246.

[117] Bericht von Angie Fenimore Online unter: http://www.near-death.com/experiences/suicide04.html (Übersetzung des Autors)

[118] Storm, Howard: Mein Abstieg in den Tod. S. 18-19.

[119] Storm, Howard: Mein Abstieg in den Tod. S. 22.

[120] Storm, Howard: Mein Abstieg in den Tod. S. 26.

[121] Storm, Howard: Mein Abstieg in den Tod. S. 32.

[122] Ritchie, George: Rückkehr von morgen. S. 62f.

[123] Högl, Stefan: Transzendenzerfahrungen. S. 60.

[124] Helene Nägeli „Ich wurde missbraucht: Das Leben einer Niederträchtigen", Verlag Urs-Heinz Naegeli.

[125] Greyson, Busch. Nach Schröter-Kunhart in Grenzgebiete der Wissenschaft 3/ 2006: Negative Nah-Todeserfahrungen, gibt es eine Hölle? S. 195-246.

[126] Schröter-Kunhart in Grenzgebiete der Wissenschaft 3/ 2006: Negative Nah-Todeserfahrungen, gibt es eine Hölle? S. 195-246.

[127] Grip, Göran: Everything exists. Stockholm, 1994. zitiert nach: Lars A. Fischinger: Der Blick ins Jenseits, Band 2, S. 153.

[128] bei 78% der Erlebenden; siehe: van Lommel, Pim: Endloses Bewusstsein. S. 96.

[129] Williams, Kevin R: Nothing better than death. S.57 (Kerry).

[130] http://www.near-death.com/forum/nde/000/86.html (Übersetzung durch den Autor).

[131] Bei 42% bzw. 50% der Erlebenden; siehe: van Lommel, Pim: Endloses Bewusstsein. S. 96.

[132] Long, Jeffrey: Beweise für ein Leben nach dem Tod. S. 244.

[133] Begegnung mit Gott. S. 72.

[134] Ritchie, George: Rückkehr von morgen. S. 54.

[135] Arthur Yensen. Online: http://www.near-death.com/experiences/reincarnation06.html#a03

[136] Ritchie, George: Rückkehr von morgen. S. 63.

[137] Lewis, C.S.: Die große Scheidung. S. 75.

[138] Begegnung mit Gott? S. 72.

[139] Anmerkung des Autors: „fundamentalistisch" im Sinne der Wortbedeutung als eine Überzeugung, die ihre Interpretation einer inhaltlichen Grundlage als einzig wahr annimmt.

[140] http://www.youtube.com/watch?v=lzSSs3d6VjU

[141] Philipp Möller, zum Zeitpunkt der Aussagen Pressereferent der Giordano-Bruno-Stiftung, heute im Beirat der fundamentalistisch-naturalistischen Stiftung (www.giordano-bruno-stiftung.de). Eine respektvolle Auseinandersetzung mit Religion findet dort nicht statt, was durch Bezeichnungen wie „Wahnvorstellung" oder „naivster Kinderglauben" für christliche Überzeugungen deutlich wird.

[142] http://www.sciencemag.org/content/309/5731/79.full

[143] Anmerkung des Autors: Dies ist etwa in solchen Aussagen von Ärzten merklich, wie „Ihre beobachteten Symptome *können keine* Nebenwirkungen des Medikaments/der Impfung sein."

[144] Anmerkung des Autors: Erstmalig habe ich von diesem Vergleich von Otto-Ernst Drephal (1939-2009) gehört.

[145] Bei 84% bzw. 73% der Erlebenden; siehe: van Lommel, Pim: Endloses Bewusstsein. S. 96.

[146] http://www3.uni-bonn.de/Pressemitteilungen/278-2011

[147] http://kath-zdw.ch/maria/freitod.html

[148] Ritchie, George: Rückkehr von morgen. S. 56.

[149] Michellenea Futrell Not Afraid of Death – but not Allowed to Die In: Vital Signs 22/2 2003. https://iands.org/publications/vital-signs/78-vs22no2futrell.html?start=3

[150] http://kath-zdw.ch/maria/freitod.html

[151] Im Artikel „Das Jenseits in uns". erschienen in: Psychologie Heute 1993.

[152] Angie Fenimore, Beyond the Darkness. Auszug Online: http://www.near-death.com/experiences/suicide04.html (Übersetzung durch den Autor).

[153] van Lommel, Pim: Endloses Bewusstsein. S. 86.

[154] Williams, Kevin R: Nothing better than death. S. 70.

[155] Williams, Kevin R: Nothing better than death. S. 109.

[156] Auf einmal dem Himmel ganz nah. S. 94-95.

[157] Williams, Kevin R: Nothing better than death. S. 80.

[158] Williams, Kevin R: Nothing better than death. S. 83-84.

[159] Long, Jeffrey: Beweise für ein Leben nach dem Tod. S. 171.

[160] Long, Jeffrey: Beweise für ein Leben nach dem Tod. S. 168.

[161] Williams, Kevin R: Nothing better than death. S. 79 (Betty Eadie) (ihre Berichte werden allerdings kritisch kommentiert, z. B. hier: http://www.mindspring.com/~scottr/nde/contra.html).

[162] Williams, Kevin R: Nothing better than death. S. 73 (Cecil).

[163] van Lommel, Pim: Endloses Bewusstsein. S. 65-66.

[164] Williams, Kevin R: Nothing better than death. S. 102 (auch online http://www.near-death.com/rosenblit.html#a04).

[165] Anmerkung des Autors: Das sind nach heutiger Kaufkraft einige 100 Mio. Euro.

[166] Anmerkung des Autors: Das sind nach heutiger Kaufkraft etwa 1000 Euro.

[167] Williams, Kevin R: Nothing better than death. S. 101.

[168] van Lommel, Pim: Endloses Bewusstsein. S. 96-97.

[169] Jorgensen, Rene: Awekening after Life. BookSurge Publishing, 2007. Zitiert nach Servaty, Alois; Nicolay, Joachim: Begegnung mit Gott? Nahtoderfahrung und Mystik. Santiago-Verlag. 2009. S. 106 – 107.

[170] van Lommel, Pim: Endloses Bewusstsein. S. 96-97.

[171] Rommer, Barbara: Der verkleidete Segen. Erschreckende Nah-Todeserfahrungen und ihre Verwandlung. Santiago Verlag 2004.

[172] Williams, Kevin R: Nothing better than death. S. 93.

[173] Storm, Howard: Mein Abstieg in den Tod. S. 24.

[174] Auf einmal dem Himmel ganz nah. S. 75.

[175] Storm, Howard: Mein Abstieg in den Tod. S. 32.

[176] Long, Jeffrey: Beweise für ein Leben nach dem Tod. S. 218-219.

[177] In GEHIRN&GEIST 3/ 2003 erschien ein Interview auf den Seiten 54 – 57.

[178] Anmerkung des Autors: Der Tod ist physiologisch betrachtet kein Ereignis, das von einem Moment zum ande-

ren eintritt. Auf den klinischen Tod (Aussetzen der Atmung und Kreislaufstillstand) folgt bei ausbleibender Reanimation in der Regel nach einigen Minuten der biologische Tod. Alle Organ- und Zellfunktionen erlöschen irreversibel. Todeszeichen sind Totenflecke (nach etwa 20-30 Minuten durch Absinken des Blutes) und Totenstarre (nach etwa zwei bis acht Stunden).

[179] http://www.faz.net/aktuell/gesellschaft/jugend-schreibt/die-geschichte-einer-nahtoderfahrung-colton-burpos-himmelfahrt-11772551.html

[180] im Artikel „Das Jenseits in uns", 1993 erschienen in „Psychologie heute".

[181] „Nah Todeserfahrungen: Psychologisch biologische Grundlage für den Glauben an ein Leben nach dem Tod", publiziert in Petersen, P: Majestät des Todes – Bewegung des Lebens. 3. Symposion für künstlerische Therapien. Kongressband, Hannover 1997, S. 93-117.

[182] „Nah Todeserfahrungen: Psychologisch biologische Grundlage für den Glauben an ein Leben nach dem Tod", publiziert in Petersen, P: Majestät des Todes – Bewegung des Lebens. 3.Symposion für künstlerische Therapien. Kongressband, Hannover 1997, S. 93-117.

[183] Meldung von Mittwoch, 14. April 2010, 19:57: http://www.aerzteblatt.de/nachrichten/40757/Herzstillstand-Hyperkapnie-erklaert-Nahtod-Erfahrungen

[184] Die Welt" vom 7. April 2010, online: http://www.welt.de/wissenschaft/article7084046/Ursache-fuer-Nahtod-Erfahrungen-entdeckt.html

[185] http://ccforum.com/content/14/2/R56

[186] Im Mai 2014 nicht mehr auf der Webseite der "Welt" abrufbar, aber als Post hier: https://www.aerzteblatt.de/forum/104181.

[187] Im Artikel „Das Jenseits in uns". 1993 erschienen in „Psychologie heute".

[188] http://www.spiegel.de/spiegelwissen/nach-einem-nahtoderlebnis-wollen-viele-menschen-ihr-leben-a-endern-a-898592.html

[189] Miller, Steve J: Erkundung der Ewigkeit. S. 91.

[190] Während sich ihre komplexe Nahtoderfahrung auch über die Zeit der flachen EEG-Line hinweg erstreckt, wurden diese berichteten und laut OP-Protokoll überprüfbaren Worte allerdings vor dem Zeitpunkt der flachen EEG-Line während der OP gesprochen.

[191] http://www.bundesaerztekammer.de/page.asp?his=0.7.45.3252 - Punkt 2

[192] A definition of irreversible coma. Report of the Ad Hoc Committee of the Harvard Medical School to Examine the Definition of Brain Death. Journal of the American Medical Association (JAMA) Aug. 1968, Bd. 205, Nr. 6, S. 85-88.

[193] http://medischcontact.artsennet.nl/archief-6/tijdschriftartikel/19472/minder-euthanasie-meer-meldingen.htm

[194] http://www.organspende-info.de/organ-und-gewebespende/verlauf/entnahme

[195] http://www.aerzteblatt.de/archiv/45240

[196] http://www.das-parlament.de/2011/20-21/Beilage/001.html

[197] http://www.gesundheitlicheaufklaerung.de/organspende-ja-oder-nein-ein-brutales-geschaeft

[198] http://www.initiative-kao.de/kao-organspende-die-verschwiegene-seite-2011.pdf

[199] http://www.sueddeutsche.de/thema/Organspende-Skandal

[200] van Lommel, Pim: Endloses Bewusstsein. S. 50.

[201] Phyllis Atwater: Children of the New Millenium. New York, Thre Rivers Press. 1999. S. 93.